퇴계시 풀이

9

제구권 속집 권2

퇴계시 풀이 제구권 속집 권2

초판 인쇄 • 2019년 2월 15일
초판 발행 • 2019년 2월 25일
지은이 • 이 황
옮긴이 • 이장우·장세후
펴낸곳 • 영남대학교출판부
출판등록 • 1975년 9월 5일 경산 제16-1호
주소 • 경상북도 경산시 대학로 280
전화 • 053) 810-1801~3
FAX • 053) 810-4722
홈페이지 • book.yu.ac.kr
ISBN 978-89-7581-585-0 94810
978-89-7581-329-0 (셋트)
• 값은 표지 뒷면에 있습니다.
• 잘못 만들어진 책은 바꾸어 드립니다.

이 도서의 국립중앙도서관 출판예정도서목록(CIP)은 서지정보유통지원시스템 홈페이지(http://seoji.nl.go.kr)와 국가자료종합목록시스템(http://www.nl.go.kr/kolisnet)에서 이용하실 수 있습니다. (CIP제어번호 : CIP2018038131)

퇴계시 풀이 9

제구권 속집 권2

이황 지음
이장우 · 장세후 옮김

영남대학교출판부

머리말

《퇴계 시 풀이》 9권을 완간하면서

— 외집·속집 번역까지 마치면서

이번에 퇴계 선생의 목판본 문집에 수록된 한시 중 외집 1권, 속집 1, 2권의 번역을 각각 1책씩 따로 내어 3권을 더 추가함으로서, 필자와 장세후 박사가 30년 가까이 지속하여 오던 퇴계선생의 한시 풀이는, 내집 1~5권, 별집 1권 등 6권에 이어 모두 9권으로 이 《퇴계 시 풀이》 작업을 일단 마무리하게 되었다.

퇴계선생의 시로 번역한 것이 무려 2,200수가 넘는데, 여기에 번역하는 퇴계의 시와 연관이 있는 중국 역대 문인들의 시며 한국 선현들의 시도 많이 참고 자료로 번역하여 첨부하여 두었으니, 번역한 시가 아마도 3,000수 이상이 될 것이라고 생각한다.

거기다가 역주에서 인용한 여러 가지 전고典故 설명에 동원된 시구 풀이는 수없이 많은데, 그런 시구들도 기본적으로는 2구절 이상씩 찾아서 뜻을 풀고, 그러한 시의 제목들까지 모두 한글로 쉽게 풀어 보았으니, 이 9권을 마칠 때까지 우리 두 사람이 지속한 작업의 양과 질은 대단한 노력과 정밀을 기한 것이었다고 감히 자부해본다.

이렇게 오랫동안 일관된 작업을 할 수 있었던 것은 서울의 사단법인 퇴계학연구원에서 내는 학보에 우리들의 원고를 80회 이상 게재하여 주었고, 또 매번 녹록치 않는 원고료를 지급하여 준 덕분이었으니 감사를 드린다. 또 이 책을 앞서 두 차례에 나누어 낼 때마다 대한민국학술원에서 번번히 우수학술도서로 선정하여, 이 책의 가치를 인정해 주고 크게 선양하여 준 점에 대하여서도 감격하고 있다.

이 모두 우리나라의 경제 발전과 더불어 이어지는 문화 발전의 징표들이라고 생각하면서 감사할 뿐이다. 앞으로도 계속하여 우리나라의 전통문화 연구와 이퇴계 학문이 거듭 발전하여 세계적으로도 크게 선양될 날을 기대하여 본다. 그러한 뜻 깊은 발전을 하는데 이 책도 일조하게 되기를 바랄 뿐이다.

지금 서울 퇴계학연구원에서는 이퇴계 전서 정본定本 작업을 재개하고 있으며, 우리가 번역하지 못한 시—목판본 문집에 수록되지 않은 시—까지 계속하여 수집하려고 노력하고 있는데, 아마 그 양이 그렇게 많지는 않을 것 같이 생각되지만, 그런 것은 그 작업이 완성된 뒤에 다시 이 작업의 〈보유〉편으로 1권을 더 추가하였으면 싶다.

영남대학교 출판부에서도 이 책을 맡아서 매우 정성을 기울여서 책을 내어 주고 관리하여 주고 있다. 처음에 이 책을 내도록 결정을 하여 준 10년 전 당시의 출판부장 이희욱 교수의 배려를 잊을 수 없으며, 10여 년 동안이나 이 책을 다듬어 준 이종백 출판 실장에게도 감사를 드린다.

2019년 2월

북산서루에서

공역자 이장우李章佑 적음.

차례

1. 沿牒到尙州, 主牧金季珍, 歸鄕未返[1] _己酉

사령장을 따라 전근하는 길에 상주에 이르렀는데 이 고을의 원님 김계진 공이 고향으로 돌아가 아직 돌아오지 않다_ 기유년(1549)

沙伐雄州擅至今[2]
사 벌 웅 주 천 지 금

사벌은 큰 고을
지금까지 이름 떨치고 있는데,

虹橋過了度長林
홍 교 과 료 도 장 림

무지개다리 지나서
큰 숲 건넌다네.

樓臺眩日糚新畫
루 대 현 일 장 신 화

누대에 햇볕 아찔하니
단청 새로 꾸몄고,

楊柳迎春擺嫩金[3]
양 류 영 춘 파 눈 금

수양버들 봄 맞아
어린 금 뿌려놓았다네.

1 | 김계진(金季珍) : 본관은 광산(光山)이고, 이름은 언거이며 호는 풍영정(風詠亭), 또는 관포당(灌圃堂), 칠계(漆溪)라고도 한다. 전라도 광주(光州) 사람으로 중종(中宗) 조 신묘년(辛卯年 : 1531년)에 과거에 급제하였으며 벼슬은 승문원판교(承文院判校)에까지 이르렀다. 이 해에 퇴계는 단양군수로 있다가 풍기군수로 옮겨 오게 되면서 상주목사로 있는 김언거(金彦琚)와 여러 차례 시를 주고 받게 되는데, 이 무렵에 주고받은 시가 《내집》과 《별집》 등에 보인다.

2 | 사벌(沙伐) : 《고증》 「상주는 옛 사벌국 땅이다.」(尙州, 古沙伐國) 상주에 있던 삼한시대의 소국으로, 사량벌국(沙梁伐國)이라고도 한다. 여기서는 상주를 가리키는 말로 쓰였다.

3 | 양류~파눈금(楊柳~擺嫩金) : 눈금(嫩金)운 곧 금눈(金嫩)으로, 봄이 되어 버드나무 가지에서 담황색을 띤 어린 새싹이 막 돋아나기 시작하는 것을 말한다. 당나라 이백(李白)의 〈궁중행락사(宮中行樂詞)〉 제2수 「버드나무는 황금빛 띤 새싹이요, 배꽃은 흰 눈의 향기라네.」(柳色黃金嫩, 梨花白雪香)

一念易陳千古跡[4]
일 념 이 진 천 고 적

한번 생각해보니 천고 이전의 일
쉽사리 묵은 자취 되었으나,

重來依舊十年心
중 래 의 구 십 연 심

다시 와서 보니 십년 전에 품었던
마음은 옛 그대로라네.

那知主牧天涯去
나 지 주 목 천 애 거

어찌 알았으리오, 주인 목사님
저 멀리 떠나셔서,

不作罇前對醉吟
부 작 준 전 대 취 금

술바리 앞에서 마주보고
취하여 읊조리지 못하게 될 줄을.

4 | 천고적(千古跡) : 당나라 이백의 〈사호의 무덤에 들러(過四皓墓)〉 「쓸쓸하구나 천고의 자취, 네 개의 무덤 연이어 잡초에 묻혔다네.」(荒涼千古跡, 蕪沒四墳連) 사호(四皓)는 곧 상산사호(商山四皓)를 말하는데 상주(尙州)를 옛날에는 상산이라고도 하였기 때문에 이 구절에서 이렇게 읊은 것이다.

2. 次風詠樓韻[1]

풍영루 시의 각운자를 써서 짓다

我來君不在 아 래 군 부 재	나 오니 그대 있지 않은데,
城郭月猶明[2] 성 곽 월 유 명	성곽에 달 오히려 밝다네.
夢裏山重阻[3] 몽 리 산 중 조	꿈속에 산 겹겹이 막혀 있고,
愁邊草欲生 수 변 초 욕 생	근심 끝에 풀 돋아나려 하네.

1 | **풍영루(風詠樓)** : 옛날 상주에 있던 누대 이름. 김남득(金南得)이 홍무(洪武) 경술년(1370)에 상주목사로 있을 때 관아에 정자를 짓고 목은(牧隱) 이색(李穡)에게 정자의 이름을 청하자 풍영(諷詠)이라 명명하고 기문을 지어주었다. 이 시는 이숭인(李崇仁)이 지은 시의 각운자를 쓴 것이다.(원운시 참고) 이 시의 마지막 구절에서 언급한 것처럼 당시 상주목사였던 김언거의 호 또한 풍영정이기 때문에 특별히 이를 떠올려 차운한 것이다.

2 | **성곽(城郭)** : 곽(郭)은 곽(廓)이라고도 한다. 성(城)은 내성(內城)을 말하고, 곽(郭)은 외성(外城)을 말한다.

3 | **산중조(山重阻)** : 당나라 두보의 〈땅 모퉁이(地隅)〉「장강과 한수 산에 겹겹이 막히고, 바람과 구름 땅 한쪽 모퉁이에 있네.」(江漢山重阻, 風雲地一隅)

餘寒春尙峭[4] 여 한 춘 상 초	늦추위에 봄인데도 아직 쌀쌀하고,
病骨夜還淸 병 골 야 환 청	병골이라 밤이 도리어 맑다네.
細和州樓句 세 화 주 루 구	꼼꼼하게 고을의 누대 구절 화답하다보니,
家亭賞共名[5] 가 정 상 공 명	집안의 정자 감상하니 이름 같다네.

4 | **초(峭)** : 여기서는 요초(料峭)의 준말로 쓰였다. 바람 따위가 차고 쌀쌀하다는 뜻의 첩운연면자이다. 《내집》 권1 47번 시 〈정월 초 이틀 입춘날에(正月二日立春)〉에 「窓外東風料峭寒」(창밖의 봄바람 아직 쌀쌀하여 추운데)이라는 구절이 있다.

5 | **가정상공명(家亭賞共名)** : 《고증》 「김언거(金彦琚)의 정자 이름도 풍영이다.」(季珍家亭, 亦名風詠) 풍영정은 지금도 광주광역시 극락강변에 그대로 남아 있다. 이상하 지음 《퇴계 생각—퇴계와 호남 선비들의 만남과 교유》(한국국학진흥원 교양 총서 02, 2013년 9월) 114쪽 참조 요망.

【참고】 이숭인(李崇仁)의 원운시

題尙州風詠亭 金密直南得所建, 牧隱先生作記已十年, 而無詩之者. 崇仁先生客也. 不揆鄙拙, 敢書四十字于板上. 先生名之曰風詠

상주의 풍영정을 제목으로 짓다 이 정자는 밀직 김남득이 세우고 목은 선생이 기문을 지은 지가 이미 10년이나 되었는데도 시를 지은 사람이 없었다. 나는 선생의 문객이다. 비루하고 졸렬함을 헤아리지 않고 감히 현판 위에 40자의 시를 써넣게 되었다. 선생이 이 정자의 이름을 풍영이라고 하였다

久客身方倦	오랜 떠돌이 생활에 몸 바야흐로 피곤하더니,
初登眼轉明	이 위에 오르자마자 눈이 환해졌다네.
經營金太守	정자를 경영한 이는 김 태수요,
風詠李先生	풍영이란 이름은 이 선생이 지었다네.
竹影池塘靜	대나무 그림자는 연못에 고요하고,
松聲院宇淸	솔바람 소리는 경내에 맑다네.
自慙無好語	좋은 시구로 노래함 없음 절로 부끄러워,
板上只題名	현판 위에 그저 유래 밝히는 시구만 적어놓았다네.

3. 四月二十二日, 將見諸生於白雲書院, 馬上卽事

4월 22일 백운동서원에서 여러 유생들을 보려고 하면서 타고 가는 말 위에서 본 일을 즉흥적으로 쓰다

錦水寒添夜雨淸[1]
금 수 한 첨 야 우 청

금수 차갑게 불었구나,
맑은 밤비에,

朝雲新捲衆山靑
조 운 신 권 중 산 청

아침 구름 막 걷히니
뭇 산들 푸르네.

野棠滿路吹香霧
야 당 만 로 취 향 무

팥배나무 길에 가득한데
향기로운 안개 뿜고,

角角時聞雄雉鳴[2]
각 각 시 문 웅 치 명

꺼겅꺼겅 이따금씩
수꿩 우는 소리 들리네.

1 | 금수(錦水) : 《퇴계전서·12》(1993, 퇴계학연구원)에서는 「지금의 금계천(錦溪川). 소백산에서 발원하여 순흥면 일대를 흐르며 서천(西川)이 되어 낙동강으로 흘러든다.」라 하였다.

2 | 각각~웅치명(角角~雄雉鳴) : 당나라 한유의 〈이날은 슬퍼할 만하니 한 수를 지어 장적에게 드림(此日足可惜一首, 贈張籍)〉「백 리 지나도록 사람은 못 만나고, 꺼겅꺼겅 수꿩 우는 소리만 들리네.」(百里不逢人, 角角雄雉鳴)

4. 過順興鄕校舊址_有紙筆峯·硯墨池

순흥향교의 옛터에 들르다_ 지필봉과 연묵지가 있다

蕭條籬落數家村[1] 소 조 이 락 수 가 촌	울타리 쓸쓸한 몇 집 되는 마을에,
雞犬桑麻晝掩門 계 견 상 마 주 엄 문	뽕밭 삼밭에는 닭이며 개 우짖는데 낮에도 문 닫혀 있다네.
紙筆峯前池水涸 지 필 봉 전 지 수 학	지필봉 앞의 못물 말랐으니,
當時絃誦更誰論[2] 당 시 현 송 경 수 론	당시 음악에 맞추어 암송함 다시 누가 논의하겠는가?

1 | **소조이락(蕭條籬落)** : 이락(籬落)은 울타리라는 뜻. 당나라 백거이(白居易)의 〈시골의 거처(村居)〉 「전원 까마득히 이른 봄 지나는데, 울타리로 쓸쓸하게 종일 바람 분다네.」(田園蒼莽經春早, 籬落蕭條盡日風)

2 | **현송(絃誦)** : 옛날에는 《시경》을 전수하고 배울 때, 음악을 넣어 노래하는 것을 현가(絃歌)라 하였고, 음악이 없이 낭독하는 것을 송이라 하였는데, 합쳐서 현송이라 하였다. 《예기·문왕이 세자였을 때(文王世子)》 「봄에는 (《시》를) 암송하고, 여름에는 음악에 맞추어 연주하였다.」(春誦, 夏絃) 나중에는 일반적으로 학업을 전수하고, 배운 것을 읽고 외우는 것을 가리키게 되었다.

5. 光風臺_在石崙寺西, 景遊名之有詩[1]

광풍대_ 석륜사 서쪽에 있으며 경유가 명명하고 시를 지었다

美名感余衷
미 명 감 여 충

아름다운 이름 내 마음 감동시켜,

策杖尋古臺[2]
책 장 심 고 대

지팡이 짚고 오래된 대 찾았다네.

僧言周去後
승 언 주 거 후

중 말이 주선생 떠난 후로는,

遊人莫往來
유 인 막 왕 래

나그네 아무도 오가지 않는다네.

絶壁梯可升
절 벽 제 가 승

깎아지른 벽은 사다리로 오를 만하고,

1 | 석륜사는 소백산 태봉의 서쪽에 있으며 〈유소백산록(遊小白山錄)〉(《퇴계집》 권41)에 기록이 보인다. 퇴계가 49세 되던 해(己酉年 : 1549년) 소백산을 유람하던 중 4월 임술(壬戌)일에 석륜사에 하룻밤 유숙한 적이 있으며, 이때 주세붕이 지은 시에 차운한 것이 《내집》 권1(158번 시)에 보인다.
경유(景遊) : 퇴계의 전임 풍기군수였던 신재(愼齋) 주세붕(周世鵬 : 1595~1554)의 자이다.

2 | **책장심고대(策杖尋古臺)** : 송나라 조여필(曹汝弼)의 〈중에게 주다(贈僧)〉 「이따금 다시 청려장 끌고, 구름 보면서 옛 대 오른다네.」(時復攜藜杖, 看雲上古臺)

荒榛剪可開[3] 황 진 전 가 개	우거진 덤불은 쳐서 열 만하네.
秪恐光霽處[4] 지 공 광 제 처	다만 의심스러운 것은 비 갠 뒤 달빛 비치는 곳,
不在南溟杯[5] 불 재 남 명 배	남해 바다 술잔에 있지 않을까하는 것이라네.
欲問無極翁[6] 욕 문 무 극 옹	무극옹에게 묻고자 하는 것,
眞知竟誰哉 진 지 경 수 재	참된 앎 마침내 누구인가 하는 것이라네.

3 | 황진(荒榛) : 잡풀 덤불. 진(晉)나라 손작(孫綽)의 〈천태산에서 놀다(游天臺山賦)〉「무성하게 우거진 덤불 헤치고, 높고 가파른 벼랑 기어오른다네.」(披荒榛之蒙蘢, 陟峭崿之崢嶸)

4 | 광제(光霽) : 「광풍제월」(光風霽月)의 준말로 「비갠 뒤의 바람과 달」이라는 뜻이다. 송나라 황정견(黃庭堅)의 〈염계 주돈이의 시집 서문(濂溪詩序)〉「용릉의 주무숙(주돈이의 자)은 마음속이 깨끗하고 맑아 세속을 초탈하기가 비가 개인 후의 달과 구름 같았다.」(周茂叔胸中灑落, 如光風霽月) 《송사·주돈이의 전기(周敦頤傳)》에도 황정견의 말을 그대로 인용하였다. 주신재가 이 높은 대의 이름을 「광풍」(光風)이라 한 것에 대한 설명이다.

5 | 남명배(南溟杯) : 원운시의 제7~8구를 보라.

6 | 무극옹(無極翁) : 북송의 도학자인 염계(濂溪) 주돈이(周敦頤)를 가리키는 말이다. 주돈이는 〈태극의 그림과 해설(太極圖說)〉을 지었는데 그곳에 「무극이면서 태극」(無極而太極)이라는 말이 있으므로 이렇게 부른다. 무극로(無極老)라고도 한다. 여기서는 주세붕을 가리켜서 말한 것인데, 성(姓)이 같기 때문에 이렇게 말하였다. 주자의 〈삼가 장식의 성남이십영 시와 같은 각운자를 쓰다·탁청(奉同張敬夫城南二十詠·濯淸)〉「무극옹 만나지 못하였으니, 깊은 마음 끝내 누가 알리오.」(不遇無極翁, 深衷竟誰識)

【참고】 주세붕(周世鵬)의 원운시

光風臺[7]

광풍대

石崙寺西角	석륜사 서쪽 모퉁이에,
有石天作臺	바위 있는데 하늘이 대를 만들었다네.
日月光先照	해와 달 빛 먼저 비치고,
淸風萬里來	맑은 바람은 만 리나 불어오네.
名之曰光風	광풍이라 이름붙이고,
一笑雲霧開	한번 웃으니 구름과 안개 걷히네.
我欲樽南海	내 남해를 술동이로 삼고,
北斗以爲杯	북두성을 술잔으로 삼고 싶네.
一洗萬古胸	만고의 흉금 한번 씻고,
醉臥何快哉	취하여 누우니 얼마나 상쾌한지?

7 | 이 시는 주세붕의 문집인 《무릉잡고(武陵雜稿)》 권1에 수록되어 있다.

6. 紫蓋峯[1] _景遊詩, 峯頭生樹盡青楓, 七月來看楓□紅.[2] 直到深秋如紫蓋, 我來揮筆彩雲中

자개봉_ 경유의 시에서는 「산 꼭대기에 난 나무들 다 푸른 풍나무인데, 칠월에 와 보니 단풍 반은 붉었네. 자개봉 같은 깊은 가을에 곧장 이르러 보니 마치 자주색 일산(日傘)을 덮어 놓은 것 같은데 내 비단결 같은 구름 속에서 붓 휘둘러 보네.」라 하였다.

肩輿橫度半天中[3] 견 여 횡 도 반 천 중	작은 가마 하늘 중간 가로질러 지나자니,
照眼無邊躑躅紅 조 안 무 변 척 촉 홍	끝없이 눈에 비치는 철쭉 잎 붉다네.
寄語詩翁吟紫蓋 기 어 시 옹 음 자 개	시 짓는 늙은이에게 자개봉 읊은 말 부치노니,
淸秋何必爛霜楓[4] 청 추 하 필 란 상 풍	맑은 가을 하필이면 흐드러진 서리 맞은 단풍이어야 하겠는가?

1 | 《내집》 권1에도 같은 시기에 같은 운자를 써서 지은 시(159번 시)가 한 수 수록되어 있다.

2 | 궐자는 반(半)자이다.

3 | 견여(肩輿) : 산길 같은 좁은 곳을 지날 때 잠시 쓰는 간단한 가마.

4 | 기어~난상풍(寄語~爛霜楓) : 이 두 구절은 자개봉이란 봉우리의 이름이 보랏빛 덮개라는 뜻이므로 가을의 서리 맞은 단풍이 꼭 필요하지는 않을 것이라는 것을 말한다.

7. 上伽陁_希善長老普照國師住處[1]

상가타암_희선장로와 보조국사가 머무른 곳이다

俯瞰千崖雲一頃 부 감 천 애 운 일 경	천 개나 되는 벼랑의 구름 한 이랑 굽어 보니,
蕭條板屋依巖靜 소 조 판 옥 의 암 정	쓸쓸한 판자 집 조용히 바위에 기대어 있네.
云是高僧入定處[2] 운 시 고 승 입 정 처	이르기를 고승이 입정한 곳이라는데,
道力猶堪服頑猛 도 력 유 감 복 완 맹	도력 오히려 완고하고 사나움 굴복시킬 만하네.

1 | 상가타(上伽陁) : 소백산 안에 있는 암자로 〈유소백산록〉에 보인다. 〈유소백산록〉에 의하면 퇴계가 상가타암을 찾은 것은 이 해 4월 갑자일이다.

보조국사(普照國師 : 1158~1210) : 고려 중기의 선승. 속성은 정(鄭)이고, 법명은 지눌(知訥)이며, 호는 목우자(牧牛子)이고 시호는 불일보조(佛日普照).

〈유소백산록〉에서는 「그 동쪽에는 동가타암이 있는데, 종수(스님)가 말하기를 『희선장로가 처음으로 여기에 살았고 그 뒤에 보조국사가 여기에서 좌선수도하여 9년 동안 밖에 나가지 않고, 스스로 호를 목우자라 하였습니다.』라 하였다.」(其東偏有東伽陁, 宗粹云, 希善長老初住此, 後普照國師於此坐禪修道, 九年不出, 自號牧牛子)라 하였다.

2 | 입정(入定) : 불교용어로, 가부좌를 하고 눈을 감고 조용히 앉아 잡념이 일어나지 않게 하여 마음이 한곳으로 정하여지게 하는 것을 말한다.

九年宴坐不出山[3]
구 년 연 좌 불 출 산

9년간 좌선하며
산 나서지 않았는데,

至今洗鉢餘寒井
지 금 세 발 여 한 정

지금껏 바리때 씻던
차가운 우물 남아 있네.

不須心法問如何
불 수 심 법 문 여 하

심법 어떠한 지
물을 필요 없으니,

苦行令人發深省[4]
고 행 령 인 발 심 성

고행 사람으로 하여금
깊은 성찰 발하게 하네.

3 | 구년~불출산(九年~不出山) : 위의 주 1)을 보라.

4 | 영인발심성(令人發深省) : 당나라 두보의 〈용문의 봉선사에서 놀다(遊龍門奉先寺)〉「잠깨려는데 새벽 종소리 들리어, 사람으로 하여금 깊은 성찰 발하게 하네.」(欲覺聞晨鐘, 令人發深省)

8~15. 妙峯庵八景[1] _庚戌

묘봉암 팔경_ 경술년(1550)

8 巖巒遶屛　바위 봉우리가 병풍처럼 두르다

鐵削蓮敷詭狀姿[2]
철 삭 련 부 궤 상 자

쇠가 연꽃 깎은 듯
모습 속이어,

高高蘭若作屛圍[3]
고 고 난 야 작 병 위

높고 높은 절에
병풍 둘러 주었다네.

不知宴坐觀空妙[4]
부 지 연 좌 관 공 묘

참선하면서 공묘한 이치
관조함 알지 못하겠는데,

傳得渠家幾祖衣
전 득 거 가 기 조 의

그 불가의 몇
조사의 의발 전하였던가?

1 | 묘봉암(妙峯庵) : 〈유소백산록〉에 의하면 소백산 유람의 안내를 맡았던 종수 스님이 거처하는 암자이다. 〈유소백산록〉에 「산인 종수가 내가 왔다는 말을 듣고 묘봉암에서 이곳으로 찾아왔다.」(山人宗粹聞余來, 自妙峯庵來見于此)라는 말이 있다.

2 | 연부(蓮敷) : 활짝 핀 연꽃을 말한다.

3 | 난야(蘭若) : 범어 Āranyaka를 줄여서 쓴 말로 사원이란 말이다. 상세한 것은 《내집》 권3 50번 시의 주 53)을 보라.

4 | 연좌(宴坐) : 한가로이 편안하게 앉아 있다는 뜻도 있지만 여기서는 불교용어로 좌선(坐禪)이란 뜻으로 쓰였다.

9 溪澗漱玉　시내가 옥을 씻다

巖泉虛駃下雲巓[5]
암 천 허 결 하 운 전

바위 샘 부질없이 빠르게
구름 낀 산꼭대기로 흘러내려 가는데,

日夕鏘鳴玉玦縣[6]
일 석 장 명 옥 결 현

밤낮으로 쨍그렁
패옥 걸린 소리 내네.

靜坐山牕心自悅
정 좌 산 창 심 자 열

조용히 산의 집 창에 앉아 있으니
마음 절로 기쁜데,

何須認作廣長禪[7]
하 수 인 작 광 장 선

어찌 반드시 장광설의 선
해야 하겠는가?

5 | **허쾌(虛駃)** : 《고증》「음은 쾌이며, 빠르다는 뜻이다.」(音快, 疾也) 《퇴계전서·12》에서는 「쾌(駃)가 번남본(樊南本)에는 사(駛)로 되어 있다. 뜻은 같다.」라 하였다. 당나라 두보의 〈옛 놀이(昔游)〉「새벽 시내 부질없이 빠른 소리 내는데, 돌아가는 오솔길 갔던 일 이미 어제였다네.」(晨溪嚮虛駃, 歸徑行已昨) 청나라 구조오(仇兆鰲)의 《두시상주(杜詩詳注)》에서는 「음은 쾌이며, 사(駛)로 되어 있는 판본도 있다.」(音快, 一作駛)라 하였다.

6 | **장명(鏘鳴)** : 옥이나 금속 같은 것이 부딪칠 때 나는 맑은 소리. 주자의 〈백록동부(白鹿洞賦)〉「개울물 돌에 부딪히니 옥 두드리는 소리 나네.」(溪流觸石, 鏘鳴璆兮)

7 | **광장선(廣長禪)** : 장광설과 같은 말. 송나라 소식(蘇軾)의 〈동림사의 장로께 드림(贈東林長老)〉「시냇물 소리가 마치 장광설 같은데, 산빛이 어찌 청정한 몸이 아니리오.」(溪聲恰似廣長舌, 山色寧非淸淨身)

10 洩霧漲海　안개가 새어 바다처럼 넘치다

煙騰霧鴻恣呑幷[8] 연 등 무 홍 자 탄 병	연무 솟구치고 안개 자욱하여 멋대로 다 삼키니,
眼底山川渺渤溟[9] 안 저 산 천 묘 발 명	눈 아래 산과 내 아득하여 바다 같네.
一笑臨風俄變滅 일 소 임 풍 아 변 멸	한번 웃으며 바람 맞는 사이 별안간 사라지니,
蓬萊淸淺詎須驚[10] 봉 래 청 천 거 수 경	봉래산 맑고 얕게 흐름 어찌 반드시 놀랄 텐가?

8 | 홍(鴻) : 《고증》「상성이다. 홍(澒)과 뜻이 같으니, 원기가 나뉘지 않아 자욱함을 뜻한다.」(上聲, 與澒同. 元氣未分濛鴻也)

9 | 발명(渤溟) : 발해(渤海)와 명해(溟海). 주로 명발(溟渤)이라고 많이 쓰는데, 큰 바다를 가리키는 말이다.

10 | 봉래청천(蓬萊淸淺) : 《내집》 권2 42번 시의 주 37)을 보라. 주자의 〈삼가 공제를 비롯한 여러 형과 함께 정사에서 충우관의 세한헌의 모임에 모여 선객들을 청하여 함께 술을 마셨다. 공제가 시를 지어 수원장사에게 주었다. 이에 그 운자를 가지고 짓는다(奉同公濟諸兄, 自精舍來集沖佑之歲寒軒, 因邀諸羽客同飮. 公濟有詩贈守元章師. 因此其韻)〉「봉래의 물 맑고 얕아진 지 지금 몇 해나 되었던가? 무이의 우뚝한 모습 오히려 창연하게 되었네.」(蓬萊淸淺今幾年, 武夷突兀還蒼然)

11 歸雲拖雨　돌아가는 구름이 비를 끌다

遠勢橫拖帶様雲 원 세 횡 타 대 양 운	먼 형세 가로로 띠 모양의 구름 끌더니,
一方猶作雨乾坤 일 방 유 작 우 건 곤	한쪽에서는 오히려 하늘 땅에 비 일으키네.
龍公倦罷歸深洞[11] 용 공 권 파 귀 심 동	용님 피로하고 지쳐 깊은 골짝으로 돌아가니,
卻羨僧閒長閉門 각 선 승 한 장 폐 문	오히려 부럽구나 중 한가로이 늘 문 닫고 있음이.

11 | 용공(龍公) : 용신, 곧 용이나 용왕을 말함. 상세한 것은 《내집》 권1 107번 시의 주 4)를 보라.

12. 隱見濃蛾[12] 짙은 산이 숨었다 보였다 하다

浮嵐積翠自重重
부 람 적 취 자 중 중

뜬 이내 짙푸르게
　절로 겹겹이 쌓였는데,

抹畫愁眉抵死濃
말 화 수 미 저 사 농

시름겨운 듯한 눈썹 문질러 그려놓으니
　언제나 짙다네.

只爲人心枉生惱
지 위 인 심 왕 생 뇌

다만 사람의 마음
　잘못 번뇌 내기 때문이리니,

高山寧作女兒容
고 산 녕 작 녀 아 용

높은 산 어찌
　아녀자의 모습 하리오?

12 | 아미(蛾眉) : 산의 색이 나방의 눈썹처럼 짙은 것을 말한다.

13 平遠落照 낙조가 고르게 멀리 뻗어 있다

入望歸鴉背閃紅[13]
입 망 귀 아 배 섬 홍

돌아가는 까마귀 등
붉게 빛남 시야에 들어오고,

雲山迢遞水無窮
운 산 초 체 수 무 궁

구름 낀 산 까마득한데
물은 끝이 없다네.

箇中物色詩人在
개 중 물 색 시 인 재

그 경치 가운데
시인 있으니,

莫詑丹靑幻掃空
막 타 단 청 환 소 공

단청이 환상적으로
허공 쓸고 있음 자랑하지 말라.

13 | 입망(入望) : 시야에 들어오는 것을 말한다.

14 月星掛簷　달과 별이 처마에 걸리다

招提種種白榆邊[14]
초 제 종 종 백 유 변

절간의 총총
　빛나는 별 가에,

銀闕低空千里圓[15]
은 궐 저 공 천 리 원

은빛 궁궐 하늘 낮게
　천리에 둥그네.

未必山高天便近
미 필 산 고 천 편 근

반드시 산이 높아
　하늘이 가깝지는 않겠지만,

只疑身化已騰天
지 의 신 화 이 등 천

다만 이 몸 우화하여
　이미 하늘 오른 것이리.

14 | 초제(招提) : 초제(招提) : 절, 사찰(寺刹)을 말한다. 범어(梵語) Caturdeśa를 「拓鬪提奢」로 음역하였는데 줄여서 「拓提」라 하였고, 나중에는 「招提」로 잘못 쓰게 되었다. 그 의미는 「4방」이라는 뜻인데, 사방의 중을 「招提僧」, 사방의 중이 모여서 머무는 곳을 「招提僧坊」이라 하였다. 북위(北魏) 태무제(太武帝)가 가람을 세우고 처음으로 「초제」라는 명칭을 썼는데, 이후로는 사원의 별칭으로 쓰이게 되었다.
종종백유(種種白榆) : 백유는 별을 가리키는 말이다. 《악부시집(樂府詩集)》 권37 〈농서행(隴西行)〉 「천상에는 무엇이 있는가, 역력히 총총한 별 밭이네.」(天上何所有, 歷歷種白榆) 당나라 두보(杜甫)의 〈크게 깨달은 고승의 절(大覺高僧蘭若)〉 「향로봉 모습이 맑은 호수에 숨었고, 살구꽃 핀 선가가 별나라 이웃일세.」(香爐峰色隱晴湖, 種杏仙家近白榆)

15 | 은궐(銀闕) : 원래는 신선이 살고 있는 백옥경(白玉京)을 말하였다. 당나라 노조린(盧照隣)의 〈비와 눈의 노래(雨雪曲)〉 「높은 대궐은 은으로 궁궐을 짓고, 장성은 옥으로 성을 쌓네.」(高闕銀爲闕, 長城玉爲城) 나중에는 밝은 달을 가리키는 말로도 쓰이게 되었다. 송나라 소식(蘇軾)의 〈중추에 달을 보고 자유에게 화답하다(中秋見月和子由)〉 「한 잔 술도 채 다 마시지 못하였는데 은빛 궁궐 같은 달 솟아오르고, 어지러운 구름은 무너지는 구름처럼 벗어나 스러지네.」(一杯未盡銀闕涌, 亂雲脫壞如崩濤)

15 鍾磬響空　종과 풍경 소리가 허공에 울리다

上方鍾磬戛雲空[16]
상 방 종 경 알 운 공

절간의 종과 풍경 소리
하늘의 구름 두드리니,

塵界人人摠若聾
진 계 인 인 총 약 롱

속세의 사람들
모두 귀 먹은 듯하네.

響空皐禽淸夜唳
향 공 고 금 청 야 려

소리 하늘까지 퍼지니 언덕의 새들
맑은 밤에 울고,

風吹同入廣寒宮[17]
풍 취 동 입 광 한 궁

바람 불어 함께
광한궁까지 들게하네.

宗粹上人, 結庵於小白山高處, 名曰妙峯, 求題八景. 聊書此, 贈之. 以擬他日尋遊之面目云. 庚戌長至後有日, 退溪病叟書

종수 스님이 소백산의 높은 곳에 암자를 짓고 묘봉이라는 이름을 붙여서 여덟 경치의 제목을 설명하는 시를 구하였다. 애오라지 이 시를 지어서 주고 훗날 찾아가 놀았던 증거로 삼았으면 한다. 경술년(1550) 동지가 며칠 지나 퇴계의 병든 늙은이가 적다

16 | 상방(上方) : 원래는 주지승(住持僧)이 거처하는 방을 말하며, 또한 불사(佛寺) 곧 절을 가리키기도 한다. 《고증》「상숭이 (隋나라) 양제를 모시고 보산에 유람할 때 양제가 말하기를 『언제 절간에 도착하는가?』라 하였다.」(常崇侍煬帝遊寶山, 帝曰, 何時到上方)

17 | 광한(廣寒) : 곧 광한전(廣寒殿)을 말하며, 신화에 나오는 달 속의 궁전. 나중에는 곧 달을 가리키는 말로 쓰이게 되었다. 당나라 유종원(柳宗元)이 지었다고 전해지는 소설 《용성록(龍城錄)》에 수록되어 전한다. 상세한 것은 《내집》 권1 6번 시의 주 4)를 보라.

16~23. 移竹. 次韻康節高竹, 八首[1]

대를 옮겨 심다. 소강절이 지은 큰 대나무의 각운자를 써서 짓다, 여덟 수

16

穉竹兩三叢 치 죽 량 삼 총	어린 대 두세 떨기,
移來見其生 이 래 견 기 생	옮겨 와 사는 것 보네.
且喜新萌抽 차 희 신 맹 추	또한 새 싹 돋아남 기쁘니,
何妨逸鞭行[2] 하 방 일 편 행	빨리 채찍처럼 뻗어감 무엇 거리끼리오.

1 | 이 시를 정석태의 《퇴계선생연표월일조록(이하 《연표》)·2》에서는 50세 되던 해 6월 경에 지은 것으로 추정하고 있다.
강절(康節) : 북송의 유학자 소옹(邵雍 : 1011~1077)의 시호[私諡].

2 | 편행(鞭行) : 편(鞭)은 대나무의 뿌리를 가리키는 말. 편행은 대나무 뿌리가 뻗어나가는 것을 말한다. 《순보(筍譜)》「뿌리가 뻗어서 이르는 것을 편행이라 한다. 채찍의 끝을 순이라고 하는데 속칭 위순이라고 한다.」(根伸而達亦謂為鞭行. 鞭頭為筍, 俗謂之偽筍) 《내집》 권1 165번 시의 주21번을 참조하라.

物遇人之幽[3]
물 우 인 지 유

대나무는 그윽한 사람 만났고,

人荷時之明
인 하 시 지 명

사람은 밝은 때 입었다네.

山園一畝內
산 원 일 무 내

산의 동산 한 이랑 안에,

幸矣相娛情
행 의 상 오 정

서로 마음 즐김 다행이로구나.

3 | 인지유(人之幽) : 유인(幽人) 곧 은자(隱者)를 말한다.

17

穉竹種前庭
치 죽 종 전 정

어린 대 앞뜰에 심으니,

我囱淸且幽[4]
아 창 청 차 유

내 창 맑고 또 그윽하네.

猗猗見長夏[5]
의 의 견 장 하

하늘하늘 긴 여름에 보이고,

凜凜期高秋
늠 름 기 고 추

늠름하니 하늘 높은 가을 기대되네.

4 | 청차유(淸且幽) : 당나라 이백(李白)의 〈왕씨의 별장에 들르다(過汪氏別業)〉 제1수 「왕 선생 북쪽 언덕 보고 있고, 못가의 집은 맑고 그윽하네.」(汪生面北阜, 池館淸且幽)

5 | 의의(猗猗) : 아름답고 무성한 모양을 나타내는 의태어. 《시경·위(衛)나라의 민요·기수의 물굽이(淇奧)》「저 기수의 물굽이 보니, 푸른 대나무 하늘하늘하네.」(瞻彼淇奧, 綠竹猗猗) 모(毛)씨의 주석[傳] 「의의는 아름답고 무성한 모양이다.」(猗猗, 美盛貌)

入而對此君[6]
입 이 대 차 군

들어와선 이 군자 마주하고,

出而漱溪流[7]
출 이 수 계 류

나가서는 시냇물에 양치질하네.

淸寒不厭多[8]
청 한 불 염 다

맑고 차가워 많음 싫증나지 않아,

遇境恣所收
우 경 자 소 수

가는 곳마다 마음껏 거둔다네.

6 | 차군(此君) : 《진나라의 역사·왕휘지(王徽之)의 전기》「일찍이 빈집에 임시로 거처했었던 적이 있는데, 즉시 대나무를 심으라 했다. 누가 그 까닭을 묻자 휘지는 다만 휘파람을 불면서 대나무를 가리키고는 말했다.『어찌 하루라도 이 군자가 없을 수 있겠는가!』」(嘗寄居空宅中, 便令種竹. 或問其故, 徽之但嘯詠, 指竹曰, 何可一日無此君邪) 이 말로 인하여 나중에는「차군」으로 대나무를 대신 일컫게 되었다.

7 | 수계류(漱溪流) : 수류(漱流)는 시냇물로 입을 헹구는 것으로 은거하는 것을 말한다. 《진(晉)나라의 역사·은자와 일자들의 전기(隱逸傳)》「흐르는 물에 양치질을 하여 그 맑음에 부딪치고, 둥지에서 자면서 그 빛을 감춘다.」(漱流而激其淸, 寢巢而韜其耀)

8 | 한(寒) : 《퇴계전서·12》(1993, 퇴계학연구원)에 의하면 번남본(樊南本)에는「한가할 한」(閒)자로 되어 있다고 하였다.

18

稚竹種我庭 치죽종아정 — 어린 대 내 뜰에 심었는데,

亦在幽巖下[9] 역재유암하 — 또한 그윽한 바위 아래에도 있다네.

有松倂有梅 유송병유매 — 소나무 있고 아울러 매화도 있으니,

三節足成詫 삼절족성타 — 이 세 절개 있는 벗 자랑 될 만하네.

畸人有時來[10] 기인유시래 — 나 같은 기인 이따금 찾아오니,

9 | 유(幽) : 《퇴계전서·12》(1993, 퇴계학연구원)에 의하면 번남본에는 「흐를 류」(流)자로 되어 있다고 하였다.

10 | 기인(畸人) : 보통 사람들의 행동과는 달라서 세속(世俗)에 잘 어울리지 못하나 천도(天道)에는 부합하는 사람. 《장자·대종사(大宗師)》에서 나온 말. 《내집》 권1 49번 시의 주 2)를 보라. 여기서는 퇴계 자신을 가리킨 말로, 퇴계는 종종 스스로를 「기인」으로 자처하였다. 〈도산잡영〉의 서문에서도 「산 주인 늙고 병든 기인」(山主老病畸人)이라 하였다.

俗駕寧對謝[11] 속 가 녕 대 사	세속이라고 어찌 맞대어놓고 사절하리.
誠堪老此間 성 감 로 차 한	실로 이렇게 한가로이 늙을 만하니,
肉食久已罷[12] 육 식 구 이 파	고기 먹는 일 오래 전에 이미 끝냈다네.

11 | 속가(俗駕) : 세속인(世俗人)을 말한다. 가(駕)는 곧 거가(車駕)를 말하는데, 사람을 가리키는 말로 빌려 썼다. 육조 제(齊)나라의 공치규(孔稚珪)가 지은 북산의 산신령의 입을 빌어 거짓 은자 노릇을 하다가 명성을 얻어 현령 벼슬을 얻은 주옹(周顒)이라는 위선자를 비난하는 글인 〈북산이문(北山移文)〉이라는 글 끝부분에 「속된 선비는 돌아갈 지어다. 북산의 정령을 위하여 도망간 나그네의 접근을 사양하노라.」(請廻俗士駕. 爲君謝逋客)라는 말에서 전고를 끌어온 것으로 보아서, 퇴계 자신이 잠시 고을 원 노릇을 한 것을 여기서 부끄럽게 비유하고 있다.

12 | 육식구이파(肉食久已罷) : 송나라 양만리(楊萬里)의 〈청허자의 차군헌을 읊음(清虛子此君軒賦)〉「공자께서 기욱(淇澳)의 동산에 계셨는데 바람이 불어 대나무를 움직여 소슬하면서도 빼어나고 아름다운 소리를 내자, 흔쾌히 좋은 맛마저 잊어버리고 석 달 동안이나 고기를 먹지 않으셨다. 공손청을 돌아보며 말씀하시기를 『사람은 고기를 먹지 않으면 수척해지고 대나무가 없으면 속되게 되느니라.』라 하셨다.」(子在淇園, 有風動竹, 聞簫瑟檀欒之聲, 欣然忘味, 三月不肉, 顧謂青曰, 人不肉則瘠, 不竹則俗) 송나라 소식의 〈오잠에 있는 적조사(寂照寺)에 거처하는 자(孜)스님의 녹균헌에서(於潛僧綠筠軒)〉「고기를 먹지 않고는 지낼 수 있을지언정, 대나무 없이는 살아갈 수 없다네. 고기는 없어도 사람을 수척하게 할 뿐이지만, 대나무가 없다면 사람을 속되게 만든다네.」(可使食無肉, 不可使居無竹. 無肉令人瘠, 無竹令人俗)

19

稺竹始成行
치 죽 시 성 행

어린 대 비로소 행렬 이루니,

已似伯夷淸[13]
이 사 백 이 청

이미 백이의 맑음과 비슷하다네.

挺然衆卉中
정 연 중 훼 중

뭇 초목 가운데 빼어나서,

自可樹風聲
자 가 수 풍 성

절로 나무 좋은 기풍 세울 수 있다네.

13 | 백이청(伯夷淸) : 《맹자·만장(萬章) 하》「맹자께서 말씀하였다. 『백이는 성인 가운데 맑은 분이시다.』」(孟子曰, 伯夷聖之淸者也) 백이가 고죽국(孤竹國)의 왕자였으므로 이렇게 말하였다.

讓國一時義[14]
양 국 일 시 의

나라 양보함은 한때의 의리요,

恥粟百世情[15]
치 속 백 세 정

(주나라) 곡식 (먹음) 부끄러워함은
백 세대의 마음이라네.

長歌採薇曲[16]
장 가 채 미 곡

오래도록 고사리 캐는 곡조 부르리니,

孰云鳴不平[17]
숙 운 명 불 평

누가 화평하지 않으면 울린다고 했던가?

14 | 양국(讓國) : 《사기·백이(伯夷)의 전기》「백이와 숙제는 고죽군의 두 아들이다. 부친은 숙제를 세우고 싶어 하였는데 부친이 죽자 숙제가 백이에게 양보하였다. 백이가 말하였다. 『부친의 명이다.』 그리고는 마침내 달아나버렸다. 숙제 또한 즉위하지 않으려하여 달아났다. 백성들은 가운데 아들을 세웠다.」(伯夷、叔齊, 孤竹君之二子也. 父欲立叔齊, 及父卒, 叔齊讓伯夷, 伯夷曰, 父命也. 遂逃去. 叔齊亦不肯立而逃之. 國人立其中子)

15 | 치속(恥粟) : 《사기·백이의 전기》「무왕이 이미 은나라의 난을 평정하고 천하가 주나라를 종주로 삼았지만 백이와 숙제는 이 사실을 부끄럽게 여겨 의리를 지켜 주나라의 곡식을 먹지 않고 수양산에 숨어서 고사리를 캐서 먹었다.」(武王已平殷亂, 天下宗周, 而伯夷、叔齊恥之, 義不食周粟, 隱於首陽山, 采薇而食之)

16 | 장가채미곡(長歌採薇曲) : 《사기·백이의 전기》「굶어서 죽으려 할 즈음에 노래를 지었다. 그 가사에서는 말하였다. 『저 서산에 오름이여, 고사리 캐는도다. 폭력으로 폭력을 바꿈이여, 그 잘못을 모르는도다. 신농과 우, 하 갑자기 죽음이여, 내 어디로 귀의하겠는가? 아아, 가자꾸나! 명 쇠하였구나.』 마침내 수양산에서 굶어죽었다.」(及餓且死, 作歌, 其辭曰, 登彼西山兮, 采其薇矣. 以暴易暴兮, 不知其非矣. 神農、虞、夏忽焉沒兮, 我安適歸矣. 于嗟徂兮,, 命之衰矣. 遂餓死於首陽山)

17 | 명불평(鳴不平) : 당나라 한유(韓愈)의 〈맹동야를 보내면서 지어주는 글(送孟東野序)〉「대체로 사물은 그 평정을 잃으면 울게 된다.」(大凡物不得其平則鳴)

20

穉竹移難活 치 죽 이 난 활	어린 대 옮겨 심으니 살기 어려워,
日夕勤灌蓋 일 석 근 관 개	아침저녁으로 부지런히 물주고 덮어주네.
托地如有欣 탁 지 여 유 흔	땅에 맡기니 기쁨 있는 듯하고,
植立儼相對 식 립 엄 상 대	곧게 서니 의젓하게 마주하네.
蕭灑淸眞意 소 쇄 청 진 의	시원한 맑고 참된 뜻,
忽與我心會 홀 여 아 심 회	홀연히 내 마음과 만났다네.
譬德詠淇澳 비 덕 영 기 오	덕 비유컨대 〈기욱〉편 읊는 듯하니,
詩人眞知愛[18] 시 인 진 지 애	시인 정말로 사랑 알았다네.

18 | 영기욱~진지애(詠淇澳~眞知愛) : 모서(毛序)에 의하면 《시경·위(衛)나라의 민요·기수의 물굽이(淇澳)》는 무공(武公)의 덕을 읊은 시이다. 이 시는 대나무를 읊어 군자의 덕에 비유하였는데, 시인은 바로 〈기욱〉편을 지은 사람을 가리켜 말한 것이다. 위 주석 4)를 참조하라.

21

稺竹有美姿
치 죽 유 미 자

어린 대 아름다운 자태 있으니,

尖新脫繃初[19]
첨 신 탈 팽 초

뾰족한 새 죽순 껍질 막 벗어났다네.

遷地醉來忘[20]
천 지 취 래 망

땅 옮김에 취하여 잊었었는데,

舞梢笑時舒[21]
무 초 소 시 서

춤추는 가지 끝 웃을 때 펴지네.

19 | 탈팽(脫繃) : 「繃」은 싼다는 뜻인데, 아기를 싸는 포대기나 업을 때 두르는 띠, 즉 강보를 말함. 여기서는 죽순 껍질을 가리키는 말로 쓰였다. 원나라 잠안경(岑安卿)의 〈새 죽순을 먹다(食新筍)〉「포대기 벗으니 비단 무늬 흩어지는데, 옥 자르느라 서리 같은 칼 놀리네.」(脫繃錦紋散, 切玉霜刀弄) 《내집》 권1의 165번 시의 주 21)을 참조하라.

20 | 취래망(醉來忘) : 대나무를 옮겨 심는 음력 5월 13일을 죽취일(竹醉日)이라고 부르기 때문에 한 말이다. 《예원자황(藝苑雌黃)》에 의하면 (음력) 5월 13일을 죽취일(竹醉日)이라 하는데, 이날 대나무를 심으면 매우 무성해진다고 한다. 또한 《순보(笋譜)》에서는 민간에서는 (음력) 5월 13일을 대나무의 생일이라고 하는데, 대나무는 이날 옮겨 심어야 하며 흐리고 비가오거나 흙이 비었으면 대나무뿌리가 뻗어 이듬해에는 죽순과 줄기가 다투어 나온다고 하였다.

21 | 소시서(笑時舒) : 「소」(笑)자는 원래 《설문해자(說文解字)》에는 없었는데, 당나라 이양빙(李陽氷)이 《간정설문(刊定說文)》을 지어 다음과 같이 풀이를 했다. 「(뜻은) 『竹』부를 따르며, (발음은) 『夭』자를 따른다. 뜻은 『대나무가 바람을 얻으면 몸이 구부러져 사람이 웃는 것과 같다』라 했는데 그것이 상세한 것인지는 모르겠다.」(從竹從夭. 義云, 竹得風其體夭屈如人之笑, 未知其審)

重露淸晨後 중 로 청 신 후	맑은 새벽 뒤에 이슬 겹겹이 내리고,
微涼小雨餘 미 량 소 우 여	작은 비 끝에 조금 시원해졌다네.
何須鳳鳴管[22] 하 수 봉 명 관	봉황 소리 내는 피리 됨 어찌 기다리겠는가?
長短筭分銖[23] 장 단 산 분 수	마디 길고 짧음 세밀하게 헤아린다네.

22 | 봉명관(鳳鳴管) : 봉황이 우는 듯한 소리를 내는 피리를 말함. 황제(黃帝)가 영륜(伶倫)을 시켜 해곡(嶰谷)의 대를 베어 와 피리를 만들게 한 것을 말한다. 《여씨춘추·중하기(仲夏紀)》「황제가 영윤에게 음률을 만들도록 명하자 영윤은 대하의 서쪽에서 완유산의 북쪽으로 가서 해곡의 골짜기에서 (악기를 만들기 위하여) 대나무를 취하였다.」(黃帝令伶倫作為律, 伶倫自大夏之西, 乃之阮隃之陰, 取竹於嶰谿之谷)

23 | 수(銖) : 옛날 무게를 다는 단위로 24수(銖)가 1량(兩)이다. 여기서는 아주 미세한 부분이라는 뜻으로 사용되었다. 이 구절의 뜻은 대나무를 베어 관악기를 만들 때, 아주 정밀하게 거리를 맞추어 구멍을 뚫는다는 것을 말한다.

22

稺竹拔地生
치 죽 발 지 생

어린 대 땅 뚫고 나오는데,

意欲干雲上
의 욕 간 운 상

그 뜻 구름 위까지 오르려 하네.

丹穴五色禽[24]
단 혈 오 색 금

오색의 단혈금,

雝雝去何向[25]
옹 옹 거 하 향

소리 잘 맞춰 울며 어디로 향하는가?

24 | 단혈오색금(丹穴五色禽) : 단혈산에 산다는 전설상의 길조인 봉황을 말한다. 《산해경·남산경(南山經)》에 보인다. 《내집》 권1의 165번 시의 주 30)을 보라.

25 | 옹옹(雝雝) : 새가 조화롭게 우는 소리를 나타내는 의성어. 《시경·패(邶)나라의 민요·박에는 마른 잎 달려 있고(匏有苦葉)》「끼룩끼룩 우는 기러기, 해 떠올라 막 아침이 되어 우네.」(雝雝鳴鴈, 旭日始旦) 모씨의 주석[毛傳] 「옹옹은 기러기의 소리가 어울리는 것이다.」(雝雝, 鴈聲和也)

蕭蕭伴幽居 소 소 반 유 거	쏴쏴 하는 소리 그윽한 내 거처에 어울리니,
柴門日淸曠[26] 시 문 일 청 광	사립문 날로 맑고 공활해진다네.
足明溪上翁[27] 족 명 계 상 옹	분명히 밝히리라, 나 같은 시냇가 늙은이,
不願封侯相[28] 불 원 봉 후 상	제후와 재상에 봉해짐 바라지 않음을.

26 | 시문일청광(柴門日淸曠) : 당나라 두보의 〈감림(甘林)〉 「저녁 늦게까지 자고 먹음 적으나, 사는 터전 가시 사립문 맑고 공활함 기쁘네.」(遲暮少寢食, 淸曠喜荆扉)

27 | 족명(足明) : 당나라 두보의 〈완방(阮昉)의 은거에 지어줌(貽阮隱居)〉 「분명히 밝혔도다, 허유·소보와 같은 기산과 영수에 은퇴한 나그네, 부귀와 영화를 썩은 흙 같이 여김을.」(足明箕潁客, 榮貴如糞土)

28 | 봉후상(封侯相) : 제후나 재상에 봉해질 상. 신분이 귀하게 될 것이라는 것을 비유하는 말이다. 《후한서·반초의 전기(後漢書·班超傳)》에 「제비와 같은 턱, 호랑이와 같은 목을 타고 났으니, 날아다니며 고기를 먹게 될 팔자니, 이것이 바로 만리 밖에 나가서 공을 세워 후작이 될 상이라오.」(生燕頷虎頸, 飛而食肉, 此萬里侯相也)라는 말이 있다.

23

稺竹自成林[29]
치 죽 자 성 림

어린 대 절로 숲 이루니,

爽籟生寒葉
상 뢰 생 한 엽

시원한 피리 소리 차가운 잎에서 나네.

樊川豈爾知
번 천 기 이 지

번천 어찌 너를 알았겠는가?

比之萬夫甲[30]
비 지 만 부 갑

갑사 만 사람에 비유하였다네.

亦恐道太孤
역 공 도 태 고

또한 도 너무 외로울까 걱정하여,

栽菊繞成匝
재 국 요 성 잡

국화 심어 둘러주었다네.

除害不可無
제 해 불 가 무

해 없앰 없을 수 없어,

時時親操鍤
시 시 친 조 삽

때때로 친히 삽 잡는다네.

29 | **치죽자성림(稺竹自成林)** : 당나라 유장경(劉長卿)의 〈반죽암(斑竹巖)〉 「창오 어디에 있는가? 반죽 절로 숲 이루었다네.」(蒼梧在何處, 斑竹自成林)

30 | **번천~만부갑(樊川~萬夫甲)** : 번천은 당나라 시인 두목(杜牧)의 호이다. 두목이 지은 〈저녁에 개어서 읊음(晚晴賦)〉에 「대나무 숲 밖으로 십만의 장부 둘러쌈이여, 갑옷과 칼날 삐쭉삐죽 빽빽이 진치고 둘러서 모시었네.」(竹林外裹兮十萬丈夫, 甲刃摐摐密陣而環侍)라는 말이 있으므로 이렇게 말하였다. 《내집》 권1 165번 시의 주 25)를 참조하라.

【원운시】 소옹(邵雍)의 원운시

高竹八首

큰 대나무. 여덟 수

1

高竹百餘挺	키 큰 대 백여 줄기,
固知為予生	실로 날 위해 났음 알겠네.
忽忽有所得	갑자기 얻은 것 있어,
時時閒遶行	때때로 한가로이 돌면서 본다네.
自信或未至	스스로 혹 아직 이르지 못 했음 믿고,
自知或未明	스스로 혹 아직 밝지 않음 안다네.
竊比於古人	가만히 옛 사람들에게 견주어보니,
不能無愧情	부끄러운 마음 없을 수 없다네.

2

高竹臨清溝	키 큰 대 맑은 도랑 굽어보는데,
軒小亦且幽	집 작고 또한 그윽하다네.
光陰雖屬夏	철은 비록 여름에 속하나,
風露已驚秋	바람과 이슬 이미 가을임 놀란다네.
月色林間出	달빛 숲 사이에서 나오고,
泉聲砌下流	샘 섬돌 아래로 흐르는 소리 나네.
誰知此夜情	누가 알리오, 이 밤의 마음,
邈矣不能收	까마득하여 거둘 수 없음을.

3

高竹已可愛	키 큰 대 이미 사랑스러운데,
況在垂楊下	하물며 수양버들 아래 있음에랴?
幽人無軒冕	은자 수레와 면류관 없어도,
得此自可詫	이것만 가지면 절로 자랑할 만하네.
枉尺旣不能	굽힘 작음 이미 할 수 없으니,
括囊又何謝	함구함 어찌 사양하겠는가?
賈生若知此	가의 선생 이렇게 하였다면,
慟哭亦自罷	통곡함 또한 스스로 그만 두었을 것이라네.

4

高竹碧相倚	키 큰 대 짙푸르게 서로 기대니,
自能發餘清	절로 남은 맑음 발할 수 있다네.
時時微風來	때때로 약한 바람 불어오니,
萬葉同一聲	모든 잎 함께 같은 소리 내네.
道汚得夷理	길 지저분하여지나 오묘한 도리 얻었고,
物虛含遠情	속 비었으나 원대한 마음 머금었다네.
階前閒步人	섬돌 앞의 한가하게 산보하는 사람,
意思何清平	의사 어찌나 맑고 고른지.

5

高竹如碧幢	키 큰 대 짙푸른 깃발 같고,
翠柳若低蓋	푸른 버들은 낮게 드리운 일산 같네.
幽人有軒楊	그윽한 은자 난간의 걸상 있어,
日夜與之對	밤낮으로 그것과 함께 마주하고 있네.
宇靜覺神開	집 고요하니 정신 열림 깨닫겠고,
景閒喜真會	경치 한가로우니 참된 만남 기뻐하네.
與其喪吾真	차라리 나의 참됨 잃는 것 보다는,
孰若從吾愛	무엇이 내 사랑함 따름만 같겠는가?

6

高竹雜高梧	키 큰 대 키 큰 오동에 섞여,
還驚秋節初	도리어 가을절기 막 이름 놀라네.
晚涼尤可喜	저녁 서늘함 더욱 기뻐할 만하고,
舊帙亦宜舒	묵은 책 또한 펴기 알맞네.
池閣輕風裏	못가 누각 가벼운 바람 속에,
園林晚景餘	동산 숲 저녁 경치 남았다네.
人生有此樂	사람 살면서 이런 즐거움 있으니,
何必較錙銖	하필이면 치와 수 같은 작은 수에 비교하겠는가?

7

高竹數十尺	키 큰 대 수십 척이나 되는데,
仍在高花上	그대로 높은 꽃 위에 있네.
柴門晝不開	사립문 낮에도 열지 않는데,
青碧日相向	그 청록색 날마다 이쪽을 향하고 있다네.
非止身休逸	몸만 편안한 데 그치는 것 아니라,
是亦心夷曠	또한 마음 평탄하고 넓어진다네.
能知閒之樂	능히 한가로운 즐거움 알 수 있다면,
自可敵卿相	저절로 재상 자리와도 견줄 만하다네.

8

高竹踰冬青	키 큰 대 겨울 넘겨도 파란데,
四月方易葉	4월에야 바야흐로 잎 바꾼다네.
抽萌如止戈	새싹 빼냄 창 세워놓은 것 같고,
解籜若脱甲	죽순 껍질 벗음 갑옷 벗는 듯하네.
脩靜信可愛	그 속에서 고요함 닦음 실로 즐길 만하니,
遶行不知匝	돌아다니면서도 몇 바퀴나 돌았는지 모른다네.
嗟哉凡草木	아아! 뭇 초목들이여,
徒自費鋤鍤	영락없이 저절로 호미와 삽질 당하는구나.

24. 庚戌閏六月望, 陪相公泛舟賞月[1]

경술년(1550) 윤유월 보름에 상공을 모시고 배를 띄워 달을 감상하다

夕陽催送半江陰[2] 석 양 최 송 반 강 음	석양빛 보냄 재촉하여 강 반은 그늘졌는데,
攜酒登船傍碧潯 휴 주 등 선 방 벽 심	술 지니고 배에 올라 짙푸른 물가 따라 가네.
炎氣忽收秋節警 염 기 홀 수 추 절 경	더운 기운 홀연히 거두어지니 가을철임에 놀라고,
暮雲俄散月光臨 모 운 아 산 월 광 림	저녁 구름 갑자기 흩어지더니 달빛 굽어보네.

1 | **상공(相公)** : 《고증》「농암 이현보(李賢輔 : 1467~1555)를 가리킨다.」(聾巖)

2 | **석양~반강음(夕陽~半江陰)** : 당나라 융욱(戎昱)의 〈연을 따며(采蓮曲)〉「연무 개펄 다한 곳에서 생겨나고, 해 지니 강 반은 그늘졌다네.」(烟生極浦色, 日落半江陰)

欣嘗異味□□宴[3]
흔 상 이 미 □ □ 연

기쁘게 □□ 연회에서
기이한 맛 보며

醉挾飛仙赤壁吟
취 협 비 선 적 벽 음

취하여 나는 신선 끼고
〈적벽부〉 읊조리네.

安得聯拳長水宿[4]
안 득 련 권 장 수 숙

어떡하면 나란히
오래도록 물에 머물며,

十分淸景共沙禽
십 분 청 경 공 사 금

100% 맑은 경치
물새와 함께 할까?

是日立秋

이날은 입추였다

3 | 《퇴계전서·12》(1993, 퇴계학연구원)에 의하면 번남본에는 빠진 두 글자가 「호공」(壺公)으로 되어 있다고 하였다. 호공은 전설 속의 신선이다.

4 | 연권(聯拳) : 당나라 두보(杜甫)의 〈멋대로 한 수를 지음(漫成一首)〉 「모래 가에 잠자는 해오라기 나란히 고요하고, 고물에서는 뛰는 물고기 소리 발랄하게 울리네.」(沙頭宿鷺聯拳靜, 船尾跳魚撥剌鳴)

25~26. 昨拜聾巖先生, 退而有感, 作詩, 二首[1]

어제 농암선생께 절을 올리고 물러나 느낌이 있어 시를 짓다. 두 수

25

林閒高閣小如舟[2] 임 간 고 각 소 여 주	선생님의 숲 사이 높은 누각 배처럼 작은데,
晩上平臺俯碧流 만 상 평 대 부 벽 류	저녁에 평평한 대에 올라 짙푸른 물결 굽어보시네.
木落始知松節勁[3] 목 락 시 지 송 절 경	나뭇잎 지니 비로소 소나무 같은 그 절개 굳음 알겠고,
霜寒更覺菊香稠 상 한 갱 각 국 향 조	서리 차가우니 국화 같은 그 향기 짙음 더욱 깨닫겠네.

1 | 이 시는 이현보의 원운시로 판단해보건대 점석의 놀이에서 지은 시의 각운자를 써서 지은 것이다. 이때(1550) 농암은 추위 때문에 점석의 놀이에 함께하지 못하였으므로 놀이에 앞서 퇴계가 인사를 올린 것일 것이다.

2 | 소여주(小如舟) : 송나라 소식의 〈(완구 땅의 학관이 된 아우) 자유를 놀리다(戱子由)〉 「완구의 선생 체구는 언덕처럼 큰데, 완구의 학교 건물은 배처럼 작다네.」(宛邱先生長如邱, 宛邱學舍小如舟)

3 | 시지송절경(始知松節勁) : 송나라 장식(張栻)의 〈설정(雪亭)〉 「추워지니 소나무 절개 굳음 알겠고, 조용해지니 대나무 소리 그윽함 깨닫겠네.」(寒知松節勁, 靜覺竹聲幽)

山童解辨茶湯眼[4]
산 동 해 변 다 탕 안

그 산의 아이 찻물
게눈처럼 끓일 줄 알았고,

琴婢能歌水調頭[5]
금 비 능 가 수 조 두

그 거문고 타는 계집종은
〈수조가두〉 잘 부른다네.

自媿塵心渾未斷[6]
자 괴 진 심 혼 미 단

스스로 부끄럽기는 속세의 마음
도무지 아직 끊지 못하고,

商巖仙境得陪遊[7]
상 암 선 경 득 배 유

상암의 선경에서
모시고 노닐게 된 것이라네.

4 | 다탕안(茶湯眼) : 다탕은 찻물을 말한다. 안(眼)은 곧 해안(蟹眼)이니 어안(魚眼) 같은 찻물을 끓일 때 나오는 기포를 말한다. 송나라 방원영(龐元英)의 《담수(談藪)》「세속에서는 찻물이 아직 끓지 않는 상태를 맹탕이라 하고, 막 끓기 시작한 것을 해안이라 하며, 점점 커진 것을 어안이라고 한다.」(俗以湯之未滾者爲盲湯, 初滾者曰蟹眼, 漸大者曰魚眼)

5 | 수조두(水調頭) : 《고증》「〈수조가두(水調歌頭)〉는 악부의 이름이다. 우조(羽調)는 수(水)에 속하기 때문에 그렇게 부른다. 수(隋)나라 양제(煬帝)가 강도에 행차했을 때 지은 것이다.」(水調歌頭, 樂府名. 以羽調屬水故名, 乃隋煬帝幸江都時, 所作) 여기서 악부는 곧 사(詞)를 말하며, 〈수조가두〉는 곧 사패의 이름이다.

6 | 미(未) : 원래 「붉을 주」(朱)자로 되어 있는데 「아닐 미」(未)자의 잘못일 것이다. 《퇴계전서·12》(1993, 퇴계학연구원)에 의하면 번남본에는 「미」(未)자로 되어 있다고 하였다.

7 | 상암(商巖) : 상산사호(商山四皓)가 은거한 섬서성 상현의 상산(商山)을 비유한 말이 아닌지 모르겠다. 또 《서경》 권5 〈열명(說命) 상〉에, 상나라 무정이 부암(傅巖)에서 부열(傅說)을 맞이하여 재상을 삼은 고사가 전하고 있으니, 상암(商巖)은 재야에 있는 은사(隱士)를 가리킨 듯하다.

26

罇酒相攜許入舟[8] 준 주 상 휴 허 입 주	동이 술 지니고 배에 들어가게 하시고는,
仍於高座笑臨流 잉 어 고 좌 소 림 류	여전히 높은 자리에서 웃으시며 시내 굽어보시네.
玲瓏玉界囪櫳靜 영 롱 옥 계 창 롱 정	영롱한 선경 그 창살 고요한데,
縹緲仙娥鼓笛稠 표 묘 선 아 고 적 조	까마득히 선녀 피리 부는 소리 조밀하였다네.

8 | **준주상휴(罇酒相攜)** : 송나라 소철(蘇轍)의 〈황학루를 읊어 이공택에게 보내다(賦黃鶴樓, 贈李公擇)〉「북쪽 못의 수양버들 억지로 봄인 줄 알겠는데, 동이 술 서로 지니고 종일 말하네.」(北潭楊柳强知春, 樽酒相携終日語)

世路向時眞失脚
세 로 향 시 진 실 각

내 세상사는 길 지난 날은
실로 다리 헛디뎠으나,

菊花今日滿簪頭[9]
국 화 금 일 만 잠 두

국화 오늘은
머리에 잔뜩 꽂았다네.

何因得脫浮名繫[10]
하 인 득 탈 부 명 계

어떡하면 뜬 이름에
얽매임에서 벗어나,

日日來從物外遊
일 일 래 종 물 외 유

날마다 와서 따르며
속세 바깥에서 노닐 수 있을까?

9 | 국화만잠두(菊花滿簪頭) : 당나라 두목(杜牧)의 〈9일날 제산에 높이 오르다(九日齊山登高)〉 「속세에서는 입 벌리고 웃을 날 만나기 어려우니, 국화 모름지기 머리 가득 꽂고 돌아가리라.」(塵世難逢開口笑, 菊花須揷滿頭歸)

10 | 부명계(浮名繫) : 당나라 백거이(白居易)의 〈거듭 주판관에게 답하다(重酬周判官)〉 「일찌감치 뜬 명성에 걸리게 하였더라면, 한가로이 30년 놀 수 있었을 텐데.」(若教早被浮名繫, 可得閒遊三十年)

【참고】 이현보의 원운시

簟石遊[11], 次李應敎錄呈行軒

점석의 놀이. 이 응교의 각운자를 써서 놀이터에 올리다

脚疾難將御李舟	발병으로 이 응교와 배 함께 타기 어려워,
危欄獨倚送中流	아찔한 난간에 홀로 기대어 한가운데로 흘러감 떠나보내네.
日斜江面波紋靜	해 강 수면에 비끼니 물결 무늬 고요한데.
霜後林梢落葉稠	서리 내린 후 숲속 나무 끝에서 잎사귀 빽빽하게 떨어진다네.
堂上蹁躚嫌獨樂	대청 위에서 어슬렁거리니 홀로 즐거움 싫어지나,
籬邊採擷揷誰頭	울타리 가에서 꽃 꺾고 따서 누구의 머리에 꽂아줄까?
繁絃急管兼花酒	풍성한 현악 촉급한 관악에 꽃으로 빚은 술까지 함께 장만하여,
輸與全船作勝遊	온 배 날라다 주어 빼어난 놀이 함께 하리.

前日畏風, 未偕簟石之遊故云

전날 추위가 두려워 점석의 놀이를 함께 하지 못하였으므로 말하였다

11 | 점석(簟石) : 자리 바위. 농암선생이 살던 부내[汾川] 마을 앞의 낙동강 안에 있던 바위. 마치 비단 자리를 펴놓은 것 같다고 해서 그렇게 부른다.

27. 次韻答黃錦溪奉使到長鬐見寄[1] _辛亥, 一首見別集[2]

같은 각운자를 써서 지어 황금계가 사명을 받들어 장기에 이르러 부쳐온 시에 답하다_ 신해년(1551) 한 수는 별집에 보인다

並海靑驄客[3]
병 해 청 총 객

그대는 바다 끼고
청총마 타고 달리는 나그네요,

栖雲白髮翁
서 운 백 발 옹

나는 구름에 깃든 백발의 늙은이라네.

相思惟見月[4]
상 사 유 견 월

그대 그리워 오로지 달 보고 있노라니,

有信忽傳風
유 신 홀 전 풍

소식 홀연히 바람결에 전하였다네.

1 | 황금계(黃錦溪) : 황준량(黃俊良 : 1517~1663)의 호. 황준량에 대해서는 《내집》 권1 104번 시의 주 1)을 보라.

2 | 《별집》 210번 시이다. 원운시도 함께 참고하기 바란다.

3 | 청총(靑驄) : 푸른색과 흰색의 털이 섞인 준마. 일반적으로 준마를 지칭하는 말로 많이 쓰인다.

4 | 상사유견월(相思惟見月) : 당나라 이백의 〈장 사인이 강동으로 감에 전송하다(送張舍人之江東)〉 「오주는 달 보기 좋으니, 천리에 서로 그리워함 다행이라네.」(吳洲好見月, 千里幸相思) 이 구절의 뜻은 지금 그대는 현달하고 나는 곤궁하지만 남자의 행복이란 본래 그러한 궁·통과는 별 상관이 없다는 것이다.

萬景雙眸裏 만 경 쌍 모 리	그대는 온갖 경치 두 눈동자 안에 넣고,
三春一病中 삼 춘 일 병 중	나는 봄 석 달을 오로지 병중에 보낸다네.
由來男子事 유 래 남 자 사	예로부터 남자들의 일이란,
不識有窮通[5] 불 식 유 궁 통	곤궁과 현달함에 상관하지 않는다네.

5 | 궁통(窮通) : 《내집》 권3 1번 시의 주 4)를 보라.

28. 陪聾巖相公, 遊月瀾庵[1]

농암 상공을 모시고 월란암에서 놀다

閒居人事尙遭牽 한 거 인 사 상 조 견	한가로이 거처하여도 사람의 일 오히려 구속되어,
適赴佳期又未全 적 부 가 기 우 미 전	마침 아름다운 기약에 나아가려 하였으나 또한 아직 완수하지 못하였다네.
潭上坐吟花落岸 담 상 좌 음 화 락 안	못 가에서 앉아 읊조리니 꽃 기슭으로 떨어지고,
臺□登眺雨昏天 대 □ 등 조 우 혼 천	대 □에서 올라 바라보니 비 내려 하늘 어둑해지네.

1 | 월란암(月瀾庵) : 《내집》 권1 110번 시의 주 1)을 보라. 51세 3월에 지었다.(정석태 《연표·2》 78쪽)

談今說古襟逾豁 담 금 설 고 금 유 활	예와 지금의 일 담론하니 흉금 더욱 넓어지고,
煮蕨烹魚興亦圓[2] 자 궐 팽 어 흥 역 원	고사리 삶고 고기 익히니 흥취 또한 풍만하다네.
造物戲人猶足樂[3] 조 물 희 인 유 족 락	조물주가 사람 놀림 그래도 즐길 만하고,
穿雲歸袂更超然 천 운 귀 몌 경 초 연	구름 뚫고 돌아가는 소매 더욱 초연하다네.

2 | 자궐팽어(煮蕨烹魚) : 송나라 손적(孫覿)의 〈엄화계행(罨畫谿行)〉 제2수 「엄화계 가의 사람들 하는 말 좋은 데, 고기 익히고 고사리 삶아 봄 밭의 농사꾼에게 먹인다네.」(罨畫谿頭人語好, 烹魚煮蕨餉春田)

3 | 조물희인(造物戲人) : 송나라 진연(陳淵)의 〈홍국사의 벽락헌에 적다(題興國寺碧落軒)〉 「조물주 사람 놀림 계교할 만하지 않으니, 늙은 선사 깊은 곳에서 깊이 참선하려하네.」(造物戲人無足較, 老禪深處要重參)

29. 崇黙詩軸, 次觀物韻[1]

숭묵의 시축에, 관물시의 각운자를 써서

卷中觀物如逢面 권 중 관 물 여 봉 면	시 두루마리 속에서 관물의 시를 보니 그 얼굴 마주친 듯하고,
物外遙憐仗節遊[2] 물 외 요 련 장 절 유	속세 바깥에서 아득히 사절 띠고 유람함 그리워하네.
我爲此翁題和句 아 위 차 옹 제 화 구	내 이 늙은이에게 화답하는 시구 지어주리니,
可能持去示翁不 가 능 지 거 시 옹 부	가져가서 이 다음에 그 늙은이에게 보여줄 수 있을지 없을지?

1 | 숭묵(崇默) : 승려의 법명.
관물(觀物) : 동호독서당에서 함께 사가독서를 한 적이 있는 친구인 민기(閔箕)의 호인 관물재. 숭묵이라는 승려가 지니고 다니는 명사들에게 받은 시 두루마리[詩軸]에서 친구인 민기가 지은 시가 있는 것을 보고 지어준 시이다.

2 | 장절유(仗節遊) : 글자 그대로 임금님이 내리신 부절(符節)을 지니고 외국에 나갔다는 뜻이다. 1552년에 성균관 대사성으로 있던 민기가 동지사(冬至使)에 임명되어 중국으로 나간 것을 말한다. 이 해 7월에 퇴계가 그의 후임으로 대사성이 되었으며, 동지사는 동지(冬至)날에 맞추어 중국에 들어가는 것이므로 이 시는 아마 이 해 가을이나 겨울에 지은 것으로 보인다.

30. 讀金華集, 用秋夜觀書詩韻[1]

《금화집》을 읽고 〈가을 밤에 책을 보다〉라는 시의 각운자를 써서 짓다

古聖獨何心
고 성 독 하 심

옛 성인 유독 무슨 마음으로,

捄世無遺功[2]
구 세 무 유 공

세상 구함에 공부 빠뜨리지 않았던가?

斯文煥簡策
사 문 환 간 책

우리 유가의 책 속에 빛나니,

大道垂無窮
대 도 수 무 궁

큰 도 드리움 무궁하네.

遭秦滅六籍[3]
조 진 멸 육 적

진나라 때 육경 없어졌다가,

1 | 금화집(金華集) : 《금화집》은 원나라의 성리학자인 황진(黃溍)이 지은 《일손재초고(日損齋初稿)》와 《속고(續稿)》, 《의오지(義烏志)》 및 《필기(筆記)》를 한데 엮은 《금화황선생문집(金華黃先生文集)》(《황금화집(黃金華集)》이라고도 한다)을 말한다. 《사부총간(四部叢刊)》본에 의하면 《금화황선생문집》은 모두 43권 12책으로 되어 있는데, 〈추야관서(秋夜觀書)〉시는 권1에 수록되어 있다. 《고증》에서는 송나라 노재(魯齋) 왕백(王柏)을 가리킨다고 하였는데 틀렸다. 바로 앞의 시를 지은 때 지었을 것으로 보인다.

2 | 구(捄) : 「구원할 구」(救)자와 같은 뜻의 이체자.

3 | 조진멸육적(遭秦滅六籍) : 진나라 때 분서갱유를 단행하여 경서를 없앤 것을 말한다.

及宋崇儒風
급 송 숭 유 풍

송나라 때 유풍 높였다네.

大雅世不乏
대 아 세 불 핍

덕 높은 이 세상에 부족하지 않아서,

炳炳開羣蒙[4]
병 병 개 군 몽

환하게 뭇 어리석은 이들 열어주었다네.

金華發幽憤[5]
금 화 발 유 분

금화에서 그윽한 분발심 피어나오니,

學邃名亦隆
학 수 명 역 륭

학문 깊고 명성 또한 높았다네.

獨登風騷壇[6]
독 등 풍 소 단

홀로 〈국풍〉과 〈이소〉 같은 시단에 오르니,

偏壘未易攻
편 루 미 역 공

오로지 보루를 이루어
공략하기 쉽지 않았다네.

唯言合同異[7]
유 언 합 동 이

오직 그 같은 점만 합하여
말하겠다고 하였으니,

4 | 개군몽(開羣蒙) : 주자의 〈서재에 거처하자니 느낌이 일어(齋居感興)〉 제7수 「《춘추》의 두 세 쪽 말, 만고에 뭇 어리석음 계몽하였다네.」(春秋二三策, 萬古開羣蒙)

5 | 금화(金華) : 지금의 절강성(浙江省) 무성구(婺城區)와 금동구(金東區) 일대. 황진이 무주(婺州) 의오(義烏 : 지금의 金華市 동북쪽에 위치한 浙江省 義烏市) 사람이기 때문에 이렇게 말하였다.

6 | 풍소(風騷) : 《시경》의 〈국풍(國風)〉과 《초사》의 〈이소(離騷)〉를 함께 이른 말이다.

7 | 합동이(合同異) : 《장자·즉양(則陽)》 「다른 것을 합하면 같아지고, 같은 것을 흩으면 달라진다.」(合異以爲同, 散同以爲異) 이 구절은 황진(黃溍)의 원운시의 「그 같은 점만 살피게 될 것을 바라네.」(庶以觀其同)라는 말을 비판한 것이다.

此論頗未通
차 론 파 미 통
이 의론 자못 통하지 않는다네.

同歸固無異
동 귀 고 무 이
진리의 결론은 함께 돌아가
실로 다름 없으나,

異趣焉能同
이 취 언 능 동
다른 취향이가 어찌 같아질 수 있겠는가?

但當明此理
단 당 명 차 리
다만 이 이치 밝혀야 하리니,

百家自嗇豐
백 가 자 색 풍
제자백가의 설에 대하여
저절로 인색하여지네.

秋風撼夜幌
추 풍 감 야 황
가을바람 밤의 휘장 흔들어대는데,

孤燈萬卷中
고 등 만 권 중
외로운 등 만 권 서책 가운데
나 홀로 앉아 있네.

沈吟和短章
침 음 화 단 장
낮게 읊조리며 짧은 문장
실력으로 화답하자니,

聊欲語鴻濛[8]
요 욕 어 홍 몽
애오라지 말씨가
흐리멍텅하여지려고 하네.

8 | 홍몽(鴻濛) : 첩운(疊韻) 연면자(聯緜字)로 된 의태어로, 「광대한 모습」, 「원기가 분명하게 갈라지지 않은 모습」 같은 뜻이 있기도 하고, 명사로는 「해가 솟아오르는 동쪽 들판」이라는 뜻이 있기도 하다.

【참고】 원(元)나라 황진(黃溍)의 원운시

秋夜觀書作

閒居感時駛　한가로이 거처하자니 시간 빨리 흐름 느껴,

獨學難爲功　홀로 배우자니 공부하기 어렵다네.

眷言思古人　옛 사람들 돌아보며 생각하자니,

幽懷極忡忡　그윽한 가슴속에 지극히 근심되네.

秉燭起中夜　촛불 부여잡고 한밤중에 일어나,

攬卷來淸風　책 손에 드니 맑은 바람 불어오네.

恭惟千載心　삼가 생각건대 천만년 동안 불변하는 성현의 마음,

皎潔懸無窮　밝고 깨끗하여 무궁하게 걸려 있네.

氓俗自升降　백성들 풍속 절로 오르락내리락 하지만,

道妙非汙隆　도의 묘함은 잘못되거나 높아지는 것 아니라네.

後來亦奚爲	나중에 또한 어찌하였던가?
黑白紛相攻	흑백 어지러이 서로 공격하였다네.
華芳昨可悅	꽃향기 나는 지난날 업적들 기뻐할 만하나,
軌轍何由通	그분들이 지나간 자취 어떻게 하면 통달할 수 있겠는가?
吾将離言說	내 장차 부질없는 언설 떠나서,
庶以觀其同	그 같은 점만 살피게 될 것을 바라네.
所憂明爲累	근심하는 것은 분명히 공부하는데 방해가 되니,
不懼蓄不豐	내 실력 쌓아둠 풍족하지 않음 두려워하지 않는다네.
開軒視明河	헌함 활짝 열고 밝은 은하수 쳐다보니,
白月當天中	흰 달 하늘 한가운데 떠 있네.
怡然掩書坐	즐거워 책 덮고 앉으니,
夜氣方鴻濛	밤기운 바야흐로 가득하다네.

31. 送琴聞遠讀書淸凉山, 用前韻. 蓋聞遠乃敬仲之甥, 而澤卿·敬仲今皆下世, 因聞遠之行, 而有懷其人, 故次前韻, 以贈云[1]

금문원이 청량산에 책을 읽으러 감에 전송하고 앞 시의 각운자를 써서 짓는다. 문원은 곧 경중의 생질인데 택경과 경중이 지금 모두 세상을 하직하여 이에 문원이 감에 그 사람들을 그리워함이 있으므로 앞의 시 각운자를 가지고 지어 드린다

故人今作墜泉人[2] 고 인 금 작 추 천 인	옛 벗들 지금은 황천으로 떨어진 사람 되었는데,
送子遊山復此巡 송 자 유 산 부 차 순	그대 산으로 책 읽으러 감에 송별하려 다시 이렇게 길 나섰다네.

1 | 금문원(琴聞遠) : 성성재(惺惺齋) 금란수(琴蘭秀 : 1530~1604)의 자. 금란수에 대해서는 《내집》 권2 140번 시의 주 1)을 보라. 그 시는 7언 절구로 이 시에서 사용하고 있는 각운자와 같은 상평성(上平聲) 11 「진」(眞)부에 속하는 「신(新)·진(塵)·신(身)」자를 사용하고 있다. 이 시는 정석태의 《연표·2》에서는 1551년(신해년) 7월에 지은 것으로 추정하고 있다.
경중택경(敬仲澤卿) : 《고증》 「둘 다 들어보지 못하였다.」(幷未聞).

2 | 추천인(墜泉人) : 《고증》 「두 사람이 죽었음을 말한다.」(言二人死也). 남조 양(梁)나라 유효표(劉孝標)의 〈변명론(辯命論)〉 「(물고기가) 깊은 연못에 떨어지게 하는 것도 노하여서가 아니고, (새가) 하늘 위로 올라가(날)게 하는 것도 기뻐서가 아니다.」(墜之淵泉非其怒, 昇之霄漢非其悅) 삼국시대 위(魏)나라 왕찬(王粲)의 〈칠애시(七哀詩)〉 「저 저승의 사람들, 아아 탄식하며 마음 아파한다네.」(悟彼下泉人, 喟然傷心肝)

好向壺天藏世界[3]
호 향 호 천 장 세 계

좋거니 신선 세계 찾아가서
인간세상 일 잘 갈무리하고,

要從學海究源濱[4]
요 종 학 해 구 원 빈

배움의 바다 좇아가서
물줄기의 근원 궁구하게나.

流光不與吾相待[5]
유 광 불 여 오 상 대

흐르는 세월 나를
기다려주지 않으니,

往躅無非己所親[6]
왕 촉 무 비 기 소 친

지난 성현 자취 내
가까이하지 않음 없게 하게나.

正是槐黃爭走日
정 시 괴 황 쟁 주 일

바로 홰나무 누렇게
다투어 달리는 때인데도,

愛君堅坐翫書塵
애 군 견 좌 완 서 진

그대 굳게 앉아
먼지 낀 책 완상함 내 사랑하겠네.

聞遠以學未成, 不赴鄕擧, 攜經入山, 其志可嘉云

문원은 학문이 이루어지지 않아 향시에 응하지 않고 경서를 지니고 산에 들어가니 그 뜻이 가상하다 하겠다

3 | 호천(壺天) : 호중천(壺中天)과 같은 말로 곧 별천지, 별세계, 선경 곧 신선의 거처를 말한다. 후한의 비장방(費長房)에게서 유래된 말. 상세한 것은 《별집》 224번 시의 주 2)를 보라. 여기서는 청량산을 가리킨다.

4 | 학해(學海) : 한나라 양웅(揚雄)의 〈법언(法言)〉 권1 「모든 내는 바다를 배워 바다에 이르지만 구릉은 산을 배워도 산에 이르지 못한다.」(百川學海而至于海, 丘陵學山而不至于山)

5 | 유광~불상대(流光~不相待) : 당나라 이백의 〈옛 시체로 짓다(古風)〉 제11수 「가는 내와 흐르는 빛, 홀연히 서로 기다려주지 않는구나.」(逝川與流光, 飄忽不相待)

6 | 왕촉(往躅) : 진적(陳迹)이라는 말과 같다. 묵은 자취. 여기서는 옛 성현의 자취라는 뜻으로 쓰였다.

32~33. 送朴子悅正郎, 赴湖南鹽軍御史[1] _壬子

박자열 정랑이 호남 염군어사로 부임함에 송별하다_ 임자년 (1552)

32

貪夫羸卒鰐呑鮮[2]
탐 부 리 졸 악 탄 선

탐관오리에게 나약한 군졸
악어가 생선 삼키듯 하니,

衣繡君同鶻擊天
의 수 군 동 골 격 천

수놓은 어사 옷 입은 그대
송골매 하늘 치는 것과 같다네.

海寇卽今多警急[3]
해 구 즉 금 다 경 급

해적들 때문에 지금
다급한 상황 많으니,

可無防戍十分堅
가 무 방 수 십 분 견

십분 견고하게 방비하여
지키게 하지 않을 수 있겠는가?

1 | 박자열(朴子悅) : 《고증》「박자열의 이름은 승간(1508~1588)인데 소고 박승임(朴承任 : 1517~1586)과 함께 문과에 올랐다.」(子悅名承侃, 擧嘯皐同登文科) 본관은 반남(潘南)이고 호는 인암(忍庵)으로 박승임의 형이다. 1540년(중종 35)에 형제가 나란히 급제하였다.

염군(鹽軍) : 《고증》「『소금 염』(鹽)자는 『살필 감』(監)자의 오자인 것 같다.」(鹽, 疑監之誤) 《퇴계전서·12》에서는 「번남본(樊南本)에는 감(監)으로 되어 있다. 」라 하였다.

2 | 악탄선(鰐呑鮮) : 송나라 소식의 〈개원사의 오도자가 그린 부처의 입적을 본 것을 적어서 아우인 자유가 문수보현의 그림을 보고 지은 것에 답하다(記所見開元寺吳道子畫佛滅度, 以答子由題畫文殊普賢)〉「종횡으로 실로 이미 손지미(孫知微)와 등은(鄧隱) 같은 화가들 업신여겼으니, 마치 큰 악어가 작은 물고기 삼킨 것과 같다네.」(縱橫固已蔑孫鄧, 有如巨鰐呑小鮮)

3 | 다경급(多警急) : 삼국 위나라 조식의 〈백마(白馬篇)〉「변방의 성에 위급한 일 많으니, 오랑캐들 여러 번이나 옮겨왔다네.」(邊城多警急, 胡虜數遷移)

33

剛柔眞係萬夫望[4]
강 유 진 계 만 부 망

강하고 유약함 실로
만인들의 바람과 관계있으니,

察見淵中又不祥[5]
찰 견 연 중 우 불 상

깊은 못 안만 살펴보는 것
또한 상서롭지 못하다네.

最是自身無點染
최 시 자 신 무 점 염

가장 좋기는 스스로
더러움에 물들지 않는 것이니,

撫軍誅暴始知方
무 군 주 포 시 지 방

군사 위무하고 포악함 없앰
처음부터 방법 알고 계시겠지.

4 | 강유~만부망(剛柔~萬夫望) : 《주역·계사전(繫辭傳)》「군자는 조짐을 알아서 나타날 일을 판단하며, 유약한 것을 알아서 강해질 것을 판단한다. 그러므로 모든 사람이 우러러 바라보는 바이다.」(君子知微知彰, 知柔知剛, 萬夫之望)

5 | 찰견~불상(察見~不祥) : 《열자·설부(列子·說符)》「주나라 속담에 『못 가운데 물고기를 들여다보는 사람은 좋지 않고, 지혜가 감추어진 것을 헤아려낼 수 있는 사람은 재앙을 입는다.』라고 하였다.」(周諺有言, 察見淵魚者不祥, 智料隱匿者有殃) 《한비자·설림(韓非子·說林)》「못 안의 고기를 아는 사람은 상서롭지 못하다.」(知淵中之魚者不祥)는 말이 있다. 《사기·오왕 유비의 전기(吳王濞列傳)》「왕은 사실 병이 난 것이 아니라 한나라에서 사자들 여러 무리를 붙잡아두자 이 때문에 마침내 병 핑계를 대게 된 것입니다. 또한 저 『깊은 못 속의 물고기를 살펴보는 것은 상서롭지 못하다』 하였습니다.」(漢繫治使者數輩, 以故遂稱病, 且夫察見淵中魚, 不祥)

34. 次韻趙松岡, 寄題伴鷗堂[1]

조송강이 반구당을 제목으로 삼아 지어부친 시의 각운자에 맞추어 짓다

千點蛾鬟大野頭 천 점 아 환 대 야 두	천 점 나방 촉수 같은 짙은 산 큰 들 한쪽 머리에 있고,
一圍虹玉抱城流 일 위 홍 옥 포 성 류	한 아름 무지개 옥 같은 물 성 안고 흐르네.
平郊莽蒼天逾迥 평 교 망 창 천 유 형	평평한 성밖 아득한데 하늘 더욱 멀고,
極浦霏微樹更稠[2] 극 포 비 미 수 경 조	먼 포구 어렴풋한데 나무 더욱 빽빽해보이네.

1 | 조송강(趙松岡) : 조사수(趙士秀 : 1502~1558)의 호. 조사수에 대해서는 《내집》 권1 41번 시의 주 1)을 보라. 1551년 4월에 경상감사로 농암선생을 방문하였을 때 만났고, 이 시는 5월 25일에 지어 반구당에 전하게 하였다.(정석태 《연표·2》 84쪽)
반구당(伴鷗堂) : 《고증》 「안동부에서 동남쪽으로 5리 떨어져 있는데, 별제를 지낸 귀래정(歸來亭) 이굉(1440~1516)이 지은 것이다.」(在安東府東南五里, 卽別提李肱所構)

2 | 비미(霏微) : 여러 가지 뜻이 있는데, 여기서는 흐릿한 모양을 나타내는 의태어로 쓰였다. 첩운 연면어.

眺望幾時償宿債 조 망 기 시 상 숙 채	조망하는 일 어느 때쯤이나 묵은 소원 성취되겠는지?
繁華終古帶閒愁 번 화 종 고 대 한 수	번화한 모습 예로부터 부질없는 근심 띠게 한다네.
箇中自有風流伴 개 중 자 유 풍 류 반	그 가운데 저절로 풍류 짝함 있으리니,
浩蕩難馴萬里鷗[3] 호 탕 난 순 만 리 구	호탕하여라! 물가 만 리 날아다니는 갈매기 길들이기 어려움을.

3 | 난순만리구(難馴萬里鷗) : 《열자》의 고사를 쓴 것 같다. 《내집》 권3 70번 시의 주 75)를 참조하라. 송나라 육유(陸游)의 〈역을 배우다(學易)〉 「주역 천년 된 학 변화시키나, 만리 갈매기는 길들이기 어렵다네.」(易化千年鶴, 難馴萬里鷗)

35. 喜還亭_星山權士遇·景遇兩侯, 名亭以志喜也[1]

희환정_ 성산의 권사우와 권경우 두 영감님이 정자의 이름을 지어 기쁨을 기록하였다

已識藏舟壑[2] 이 식 장 주 학	이미 배 골짜기에 숨길 줄 알았으니,
休談失馬翁[3] 휴 담 실 마 옹	말 잃은 늙은이 이야길랑 말하지 마시게나.
閒愁餘鬢雪 한 수 여 빈 설	살쩍머리 온통 눈 같이 흰 한가로이 걱정하고.

1 | 권사우(權士遇) : 묵암(默巖) 권응정(權應挺 : 1498~1564)의 자. 권응정에 대해서는 《내집》 권3 178번 시의 주 1)을 보라.

권경우(權景遇) : 권응정의 아우인 지족당(知足堂) 권응창(權應昌 : 1500~1568)의 자. 권응창에 대해서는 《별집》 53번 시의 주 1)을 보라.

희환정(喜還亭) : 성주에 있었다고 전하여지며, 1553년에 이 두 형제가 똑같이 양재역 벽서 사건에 연루되어 귀양 갔다가 풀려나서 지은 것으로 생각된다.

2 | 장주학(藏舟壑) : 《장자·큰 스승(大宗師)》 「배를 골짜기에 감춰 두고, 어살을 못속에 감추어 두면 든든하다고 할 것이다. 그러나 깊은 밤 힘센 자가 그것들을 지고 달아난다면, 어리석은 자는 알지 못한다.」(藏舟於壑, 藏山於澤, 謂之固矣. 然而夜半有力者, 負之而走, 昧者不知也)

3 | 실마옹(失馬翁) : 곧 전화위복(轉禍爲福)과 새옹지마(塞翁之馬)의 주인공 늙은이를 말한다. 《회남자·인간훈(淮南子·人間訓)》에 보인다. 《외집》 56번 시의 주 4)를 참조하라. 송나라 육유(陸游)의 〈두 늙은이(兩翁歌)〉 「그대는 보지 못하였는가? 변경의 말 잃은 늙은이, 말 떠난 것이 반드시 복이 되지 않을 줄 어찌 알았겠는가?」(君不見塞上失馬翁, 馬去安知不為福)

眞樂當襟風[4]
진 락 당 금 풍

옷깃으로 불어오는 바람
정말 즐거워하시게나.

桃柳光陰好
도 류 광 음 호

복사꽃 피고 버드나무 늘어지는 시절
좋을 것이고,

梅筠節韻同
매 균 절 운 동

매화와 대나무는 절개와 운치 같겠지.

每於遙想處
매 어 요 상 처

매번 아득히 생각나는 곳이고 보니,

雲際送飛鴻
운 제 송 비 홍

멀리 구름 가에서 나는 기러기 편에
편지 보내드리리.

4 | 당금풍(當襟風) : 《문선》 초(楚)나라 송옥(宋玉)의 〈바람(風賦)〉 「초나라 양왕이 난대에 유람하였을 때, 옷깃을 펄럭이는 바람이 불어오자 『상쾌하구나! 이 바람이여.』라고 하였다.」(楚襄王遊蘭臺, 披襟當風曰, 快哉此風)

36. 南軒[1]

남헌

道同千里志交修[2]
도 동 천 리 지 교 수

천리 밖에서도 도 같아
여러 가지로 닦을 뜻 두어,

言必相符過不留
언 필 상 부 과 불 류

말 반드시 서로 부합하였으니
허물 남겨두지 않았다네.

1 | 남헌(南軒) : 장식(張栻 : 1133~1180)의 호. 남송 한주(漢州) 면죽(綿竹) 사람. 자는 경부(敬夫) 또는 흠부(欽夫), 낙재(樂齋)이고, 시호는 선(宣)이다. 고관 장준(張浚)의 아들이다. 음보로 승무랑(承務郎)에 임명된 뒤 이부원외랑(吏部員外郎)과 우문전수찬(右文殿修撰) 등을 역임했다. 가학을 계승하는 한편 호굉(胡宏)에게 이정(二程)의 학문을 배웠는데, 정호(程顥)에 가깝다는 평을 받았다. 주희(朱熹), 여조겸(呂祖謙)과 함께 동남삼현(東南三賢)으로 불렸다. 《논어해(論語解)》와 《맹자해(孟子解)》, 《남헌역설(南軒易說)》, 《남헌집(南軒集)》 등을 남겼다.
권오봉은 이 뒤에 나오는 몇 수와 같이 모두 52세에 지은 것으로 보았다.(《퇴계시대전(이하 《대전》)》 497쪽)

2 | 교수(交修) : 《서경·부열의 명(說命) 하》 「너는 여러 가지로 나를 닦아서 나를 버리지 말라. 내가 능히 너의 가르침을 행할 것이다.」(爾交修予, 罔予棄. 予惟克邁乃訓)

義利曉人如白日[3]
의 리 효 인 여 백 일

의와 이로 사람 깨우침
밝은 해와 같았으니,

始知湘派卽閩流[4]
시 지 상 파 즉 민 류

비로소 상수의 갈래가
민수의 흐름과 같음 알았다네.

3 | 의리효인(義利曉人) : 《고증》「남헌 장식(張栻)이 말하기를 『하고자 함이 없이 하는 것은 의(義)이고, 하고자 함이 있어 하는 것은 이(利)이다.』라고 하였다.」(南軒曰, 無所爲而爲者, 義也. 有所爲而爲者, 利也) 《남헌집》에는 이 말이 나오지 않고 원나라 왕의산(王義山)의 《가촌유고(稼村類藁)》 권6에서 장식의 말이라고 인용해두었다.

4 | 상파·민류(湘派·閩流) : 상(湘)은 지금의 호남성(湖南省) 일대를 말하고, 민(閩)은 지금의 복건성(福建省) 일대를 말하는데 각각 장남헌과 주자가 활동했던 곳을 말한다.

37. 東萊[1]

동래

呂公麗澤亦資深[2]
여 공 이 택 역 자 심

여공과의 강습
또한 깊이 도움 되었으나,

極處猶嫌異賞音
극 처 유 혐 이 상 음

지극한 곳에서는 오히려
마음 알아줌 달리함 불만스러웠다네.

博史豈知差路陌[3]
박 사 기 지 차 로 맥

《박의》 같은 역사책 어찌
길 어긋나게 할 줄 알았겠는가?

竟看功利醉羣心
경 간 공 리 취 군 심

마침내 공리 뭇사람들의
마음 취하게 함 보았다네.

1 | 동래(東萊) : 여조겸(呂祖謙 : 1137~1181)의 호. 남송 무주(婺州) 금화(金華) 사람으로 자는 백공(伯恭)이다. 주희(朱熹), 장식(張栻) 등과 함께 동남삼현(東南三賢)으로 불렸다. 순희(淳熙) 2년(1175) 주희와 육상산(陸象山)의 학문적 입장차를 중재하기 위해 아호(鵝湖)에서 모임을 주재했다. 시호는 처음에 성(成)이었는데 나중에 충량(忠亮)으로 고쳐서 내려졌다. 《여씨가숙독시기(呂氏家塾讀詩記)》와 《동래선생좌씨박의(東萊先生左氏博議)》, 《여동래선생문집(呂東萊先生文集)》 등이 있으며, 《근사록(近思錄)》은 주자와 함께 지었다.

2 | 이택(麗澤) : 《주역·태괘(兌卦)》의 상사(象辭) 「두 못이 붙어 있는 것이 태괘이다. 군자는 두 못의 물이 서로 왔다갔다하면서 서로 도우는 이치를 따라서 친구들과 강습한다.」(麗澤, 兌, 君子以朋友講習)

3 | 박사(博史) : 《동래선생좌씨박의(東萊先生左氏博議)》를 말하며 25권이다.

38. 西山[1]

서산

西山高義脫塵煙
서 산 고 의 탈 진 연

서산의 높은 뜻
　속세의 먼지 벗어나,

氣味如蘭妙契天
기 미 여 란 묘 계 천

냄새와 맛 난초 같고
　묘함은 하늘에 부합하네.

一自寒泉丘灑淚[2]
일 자 한 천 구 쇄 루

한번 한천에서
　구자복 눈물 흘린 뒤로,

恨深同抱隔重泉
한 심 동 포 격 중 천

한 깊어 함께
　죽음 길에서 껴안았다네.

1 | 서산(西山) : 채원정(蔡元定 : 1135~1198)의 호. 남송 건주(建州) 건양(建陽) 사람. 자는 계통(季通)이고 시호는 문절(文節)이다. 벼슬은 하지 않았으며 주자와 교유하였다. 《황극경세지요(皇極經世指要)》와 《홍범해(洪範解)》, 《대연상설(大衍詳說)》, 《팔진도설(八陣圖說)》, 《율려신서(律呂新書)》, 《발미고(發微考)》, 《서산공집(西山公集)》 등을 남겼다.

2 | 한천구쇄루(寒泉丘灑淚) : 구(丘)는 구응(丘膺)이다. 자는 자복(子服)이며 주자의 오랜 친구이다. 한천은 한천정사(寒泉精舍)를 말하는 것 같다. 《고증》 「서산 채원정이 도주로 귀양 가자 주문공이 추종자 수백 명과 함께 정안사로 찾아가 안부를 묻고, 가만히 그의 기색을 살펴보았으나 평상시와 다름없었다. 구자복이 (채원정의 처지에 대하여) 눈물을 흘리자 주자는 『곤궁에 대처함과 환란을 근심하는 두 가지 일에 모두 합당하다.』고 감탄하였다. ○ 생각건대 정안사에서 전별했는데, 여기서는 한천이라 하였으니, 다시 상고하여야 보아야 할 것이다.」(蔡西山謫道州, 文公與從遊者數百人, 往候淨安寺, 微視西山, 不異平時, 丘子服爲之下泣, 文公歎處窮恤患, 兩得其宜. ○ 案, 餞別于淨安, 而此云寒泉, 當更考)

39. 象山[1]

상산

象山凌跨自鵝湖[2]
상 산 릉 과 자 아 호

육상산 주자 타고 오름
아호에서부터 비롯되었으니,

狠執逾深極論餘[3]
한 집 유 심 극 론 여

사납게 고집함 더욱 심하여졌다네
극심한 논쟁 끝에.

痛惻無如洪水患
통 측 무 여 홍 수 환

애통하게 슬퍼함 홍수의
근심 못지 않았으니,

只今天下盡爲魚
지 금 천 하 진 위 어

지금 천하의 사람들
모두 물고기 되었다네.

1 | 상산(象山) : 육구연(陸九淵 : 1139~1192)의 호. 남송 무주(撫州) 금계(金溪) 사람으로, 자는 자정(子靜)이고, 호는 달리 존재(存齋)라고도 한다. 시호는 문안(文安)이다. 사상적으로 심학을 펴 성리학을 편 주자와는 대립적인 위치에 있었지만 계보로는 모두 정호(程顥)와 정이(程頤)의 학문을 계승했다. 주자와 벌인 학술논쟁인 아호지회(鵝湖之會)가 유명하며, 도의적 교유는 변하지 않았다. 《상산선생전집(象山先生全集)》 36권을 남겼다.

2 | 아호(鵝湖) : 곧 아호사를 말한다. 아호사는 신주(信州) 연산현(鉛山縣) 남쪽 10리 지점에 있다. 옛날에 공씨(龔氏)가 산방에 거처하면서 거위를 길러 무리를 이루었으므로 아호라고 하였다. 주자는 이곳에서 여조겸의 주선으로 순희(淳熙) 2년(1175) 5월 육구령(陸九齡), 육구연 형제 및 유청지(劉淸之)와 함께 논쟁을 벌였다.

3 | 한(狠) : 《퇴계전서·12》에서는 「한(狠)이 번남본(樊南本)에는 랑(浪)으로 되어 있다.」라 하였다.

40. 許順之[1]

허순지

許生資美早從遊
허 생 자 미 조 종 유

허생의 자질 아름다워
일찍부터 종유하니,

正似遷喬出谷幽[2]
정 사 천 교 출 곡 유

마치 높은 나무 찾아 옮겨
깊은 골짜기 나선 것과 같았다네.

1 | 허순지(許順之) : 허승(許升 : 1153~1185)의 자. 천주(泉州) 동안(同安) 사람으로 호는 존재(存齋)이다. 주희의 가장 이른 시기의 제자로, 동안 주부로 재직할 때 13세의 나이로 종유하였으며, 주희가 임지를 떠나자 건양(建陽)까지 따라와 배웠다. 주희가 자를 지어주면서 지은 〈자서(字序)〉가 《주문공집》 권75에 수록되어 있다. 이외에 〈존재기(存齋記)〉(권77)를 지어 주었으며, 그가 죽자 매우 애석히 여겨 제문(권87)을 지어주기까지 하였다.

2 | 천교출곡유(遷喬出谷幽) : 새가 낮은 곳에서 높은 곳으로 옮겨가는 것을 말한다. 《시경·소아·나무를 벰(伐木)》「깊은 골짜기에서 나와, 높은 나무로 옮겨가네. 꾀꼴꾀꼴 울이여, 그 벗 찾는 소리라네.」(出自幽谷, 遷于喬木. 嚶其鳴矣, 求其友聲) 더 나은 것을 찾아 장소를 옮기는 것을 비유하는데, 여기서는 허승이 주자를 찾아 종유한 것을 말한다.

活水天光胡不管[3]
활 수 천 광 호 불 관

살아 있는 물과 하늘의 밝은 빛
어찌 상관이 없겠는가?

枉從蔥嶺覓涓流[4]
왕 종 총 령 멱 연 류

딴 사람들 그릇되이 총령에서
좁은 물줄기 찾고 있구나.

3 | 활수천광(活水天光) : 주자의 〈책을 보고 느낌이 일어(觀書有感)〉 제1수 「반 이랑 모난 연못에 거울 하나 열렸는데, 하늘 빛 구름 그림자 함께 떠돌아 다니네. 묻노니 어째서 그렇게 맑을 수 있는가 하니, 살아 있는 물 흘러나오는 근원 있어서라 하네.」(半畝方塘一鑒開, 天光雲影共徘徊. 問渠那得淸如許, 爲有源頭活水來)

4 | 총령(蔥嶺) : 파미르 고원의 한자 표기. 세계의 지붕이라 불리며 해발 5000m에 달한다.

41. 龍川[1]

용천

龍川豪氣隘乾坤
용 천 호 기 애 건 곤

용천의 호기
　하늘과 땅 좁게 여기더니,

卻自投身利欲盆
각 자 투 신 리 욕 분

도리어 스스로 몸을
　이욕의 동이에 던졌다네.

幾下頂門針不受
기 하 정 문 침 불 수

몇 번이나 정수리에
　침을 놓아주어도 받지 않고,

枉將抱膝懇求言[2]
왕 장 포 슬 간 구 언

잘못 무릎 끌어안고
　말만 간절히 추구하려했다네.

1 | 용천(龍川) : 진량(陳亮 : 1143~1194)의 호. 남송 무주(婺州) 영강(永康) 사람으로 자는 동보(同甫)이다. 성리(性理)에 대해 공리공담하는 것을 반대하고 실사실공(實事實功)을 강조했으며, 영가학파(永嘉學派)에 상응하는 영강학파(永康學派)를 창립했다. 주자와 가까웠지만 학문적으로는 왕도(王道), 패도(覇道) 및 의리(義利)에 대해 대립하는 입장을 취하였다. 《용천문집(龍川文集)》과 《용천사(龍川詞)》를 남겼다.

2 | 포슬간구언(抱膝懇求言) : 《주자서절요》 권5 〈진동보에게 답함(答陳東父)〉 「듣자니 원정을 수리했다고 하는데 규모가 대단히 컸습니다. …… 『누대 앞에는 버들가지가 날고, 발 틈으로 제비가 날아든다.』고 노래했으니, 이것은 잘 사는 사람들의 일이지, (증점처럼) 기수에서 멱감고 무우에서 바람 쐬는 정취는 맛볼 수 없을 뿐더러, (제갈량처럼) 시골에서 밭 갈며, 무릎 끼고 앉아 길게 글귀를 읊조리는 기상도 아닙니다.」(聞葺治園亭, 規模甚盛……樓臺側畔楊花過, 簾幕中間燕子飛, 只是富貴者事, 做沂水舞雩意思不得, 亦不是躬耕隴畝抱膝長嘯底氣象)

42. 梅巖[1]

매암

可惜梅巖易學愆 가 석 매 암 역 학 건	안타깝구나, 매암 《주역》의 학문에 허물 있어,
諄諄妙湛執逾堅[2] 순 순 묘 담 집 유 견	조곤조곤 묘담사에서 타일러주어도 고집만 더 굳어졌다네.
一聲雷處如驚起[3] 일 성 뇌 처 여 경 기	우레 한번 치는 곳에서 놀라 일어섬과 같으리니,
千古何難快覩天[4] 천 고 하 난 쾌 도 천	천고에 어찌 어려워하리 시원하게 하늘 봄이.

1 | 매암(梅巖) : 원추(袁樞 : 1131~1205)의 호. 자는 기중(機仲)이다. 송나라 건녕(建寧) 건안(建安) 사람.으로, 융흥(隆興) 원년(1163) 예부사부시(禮部詞賦試)에서 장원으로 급제하여 태학록(太學錄)에 임명되었다. 사마광의 《자치통감》에 정통하여 《통감기사본말》을 지었다. 관직은 지강릉부(知江陵府)에까지 이르렀으며, 《역전해의(易傳解義)》 및 《변이(辯異)》, 《동자문(童子問)》 등의 책을 지었다.

2 | 묘담(妙湛) 《고증》「《주자서절요(朱子書節要)》 주에서 『절 이름인 것 같다.』고 하였다.」(節要註, 疑是寺名)

3 | 일성뇌……(一聲雷……) : 주자의 〈원기중에게 답함(答袁機仲)〉「한밤중에 갑자기 천둥이 치니, 집집마다 놀라서 문을 열어젖히는구려. 만약 무심이 유상을 함양한다는 것을 안다면, 그대가 복희씨로부터 전래된 도리를 직접 보았음을 인정하리라.」(忽然半夜一聲雷, 萬戶千門次第開, 若識無心涵有象, 許君親見伏羲來)

4 | 쾌도(快覩) : 주자의 〈내 관직을 마치고 강왕곡 수렴동을 유람하고 밤에 산월헌에서 술을 마시며 운자를 나누어 시를 짓는데 「주」자를 얻어 송별나온 제군에게 바친다(熹罷官, 觀康王谷水簾, 夜飮山月軒, 分韻得主字, 奉別送行諸君)〉「여기 이르러 인끈(官印) 풀어 놓고, 빼어난 경계 바야흐로 기쁘게 구경하네.」(迨茲解章紱, 絶境方快覩)

43. 送金邦寶按黃海道[1]

김방보가 황해도 감사가 되어감에 송별하다

公今去按海西節[2] 공 금 거 안 해 서 절	공은 지금 해서 안무하는 부절 띠고 떠나시는데,
我正思歸嶺外州[3] 아 정 사 귀 영 외 주	나는 마침 영남의 고을로 돌아갈 생각한다네.
自古人生易南北[4] 자 고 인 생 역 남 북	예로부터 사람 살아감 남북 바뀌기 마련이니,
如今身計各沈浮 여 금 신 계 각 침 부	지금 몸을 위한 계책 각자 부침한다네.

1 | 방보(邦寶) : 김개(金鎧 : 1504~1569)의 자. 본관은 광산(光山)이고 호는 독송정(獨松亭)이다. 중종 20년(1525)에 진사시에 장원으로 합격하고, 35년(1540)에는 식년문과에 을과로 급제하였다. 안동부사, 황해 감사, 성절사(聖節使)로 명나라에 다녀왔으며, 대사헌과 한성부판윤을 역임하고, 형조와 호조판서까지 올랐다.
이 시는 1553년(계축년) 1월 24일에 지은 것이다.(정석태 《연표·2》 162쪽)

2 | 해서(海西) : 황해도(黃海道)를 이르는 말.

3 | 아정사귀(我正思歸) : 송나라 오불(吳芾)의 〈주언선이 고향으로 돌아감에 송별하다(送朱彦先歸鄉)〉 「나 정말로 돌아가고 싶은데 돌아갈 수 없고, 오히려 강가에서 그대 돌아감에 보내준다네.」(我正思歸歸未得, 却于江上送君歸)

4 | 인생역남북(人生易南北) : 주자의 〈큰 눈이 내리다. 말 위에서 장식이 지은 시의 각운자를 써서 짓다(大雪, 馬上次韻敬夫韻)〉 「사람 살다보면 남북 바뀌게 마련이니, 이곳에 다시 옴 어느 때런가?」(人生易南北, 復此知何時)

首陽謬說名猶美[5]
수 양 류 설 명 유 미

수양산의 그릇된 설
이름 오히려 아름답고,

棠樹淸陰愛正留[6]
당 수 청 음 애 정 류

팥배나무 맑은 그늘
사랑스러워 마침 머물만하시겠네.

歲晩相期俱努力[7]
세 만 상 기 구 노 력

해 저물 때까지
함께 노력하기를 서로 기약하세나,

春風離袂恨悠悠[8]
춘 풍 이 몌 한 유 유

봄바람에 흔드는 이별의 옷소매
한스러움 넘친다오.

5 | 인생역남북(人生易南北) : 주자의 〈큰 눈이 내리다. 말 위에서 장식이 지은 시의 각운자를 써서 짓다(大雪, 馬上次韻敬夫韻)〉「사람 살다보면 남북 바뀌게 마련이니, 이곳에 다시 올 어느 때런가?」(人生易南北, 復此知何時)

6 | 당수(棠樹) : 팥배나무. 《사기·연소공세가(燕召公世家)》「소공이 향읍을 순행하는데 팥배나무가 있어 그 아래서 옥사를 판결하고 정사를 베풀어 제후들로부터 서인에 이르기까지 각자 있을 곳을 얻어 직분을 잃은 자가 없었다. 소공이 죽자 백성들이 소공의 정치를 그리워하여 팥배나무를 품고 감히 베지 못하여 노래하여 읊으면서 〈감당〉이란 시를 지었다.」(召公巡行鄕邑, 有棠樹, 決獄政事其下, 自侯伯至庶人各得其所, 無失職者. 召公卒, 而民人思召公之政, 懷棠樹不敢伐, 哥詠之, 作甘棠之詩) 나중에는 당수(棠樹)를 가지고 선정을 비유하는 말로 쓰이게 되었다.

7 | 상기구노력(相期俱努力) : 주자의 〈임택지에게 부치다(寄林擇之)〉「진중하여 함께 노력하기를 서로 기약하세나, 특히 안연의 재주 다할 수 없음 스스로 부끄럽다네.」(珍重相期俱努力, 自慙殊未竭淵才)

8 | 이몌(離袂) : 분수(分袖)와 같은 말로, 이별이라는 뜻.

44~45. 次韻[1]

같은 각운자를 써서 짓다

44

風作松濤殷 풍 작 송 도 은	바람 소나무 물결 크게 일으키고,
人成蟻陣奔[2] 인 성 의 진 분	사람은 분주한 개미떼 이루었다네.
老懷難作別 노 회 난 작 별	늙은이 마음 작별하기 어렵고,
病語重臨分 병 어 중 림 분	병든 이 하는 말 헤어질 때 무겁네.

1 | 시의 내용으로 보아 위의 전별시와 비슷하다.

2 | 의진(蟻陣) : 송나라 황정견(黃庭堅)의 〈지현인 명숙이 「집 위의 무덤을 지나다」라는 시에 화답하여 보여주므로 문득 다시 처음의 운자를 써서 짓다(明叔知縣和示過家上冢二篇輒復初韻)〉「공명은 누런 기장밥 익는 것 같고, 성패는 흰개미 떼 같네.」(功名黃粱炊, 成敗白蟻陣)

鴈叫長空侶 안 규 장 공 려	기러기는 긴 하늘에서 짝지어 울 것이고,
羊隨一阪羣 양 수 일 판 군	양은 한 비탈에서 무리지어 따르겠네.
罇前看物態 준 전 간 물 태	술동이 앞에서 세태 보고 있노라니,
伐木果□聞 벌 목 과 □ 문	나무 벰 과연 □하게 들리네.

45

黯黯悲秋思 암 암 비 추 사	가을 슬퍼하는 생각 어둡고 어두우며,
悠悠送遠情 유 유 송 원 정	멀리 보내는 마음 아득하고 아득하다네.
中京辭鳳闕 중 경 사 봉 궐	서울에서 봉황 궁궐 떠나,
西海殿鵬程[3] 서 해 전 붕 정	서해로 대붕 날아가서 진무하시겠네.

3 | 전(殿) : 진무(鎭撫)하는 것이다. 《시경·소아·콩을 땀(采菽)》「즐겁도다 군자여, 천자의 나라 진무하였네.」(樂只君子, 殿天子之邦) 당나라 한유(韓愈)의 〈남해의 신을 모신 사당의 비문(南海神廟碑)〉「원화 21년 비로소 조칙으로 전 상서우승 국자좨주인 노국의 공공을 등용하여 광주자사 겸 어사대부로 삼아 남복을 진무하였다.」(元和十二年, 始詔用前尙書右丞國子祭酒魯國孔公, 爲廣州刺史兼御史大夫, 以殿南服)

畏影持身戒[4]
외 영 지 신 계

그림자조차 두려워함을
몸에 지닌 경계로 삼고,

矜疲報國誠
긍 피 보 국 성

병든 백성들 불쌍히 여겨 나라에
보답하는 성의 보이소서.

何妨漆溪上[5]
하 방 칠 계 상

칠계 가에 무슨 상관이 있으리오?

暫緩白鷗盟[6]

잠시 백구와의 맹세 늦춘다네.

4 | 외영(畏影) : 《장자·어부(漁父)》「자기 그림자를 두려워하고 발자국을 싫어하여, 이를 떼어버리고 달아나면 달아날수록 발자국은 많아지고 그림자는 따라붙는다.」(人有畏影惡迹而去之走者, 擧足愈數而迹愈多)

5 | 칠계(漆溪) : 《고증》「김방보(金邦寶)가 살던 곳인데, 어딘지는 상세하지 않다.」(邦寶所居之地, 未詳其處)

6 | 잠완백구맹(暫緩白鷗盟) : 송나라 황정견(黃庭堅)의 〈쾌각이라는 누각에 올라(登快閣)〉「만리 길 고향으로 돌아가는 배 위에서 길게 피리소리 내고 싶구나, 이 마음 나는 흰 갈매기와 더불어 맹서하였지.」(黃里歸舡弄長笛, 此心吾與白鷗盟)

46. 釜潭_在龍門山下, 魯典籍延齡, 棄官, 卜居于此[1]

부담_ 용문산 아래에 있는데 전적 노연령이 벼슬을 버리고 이곳에 자리를 잡았다

聞說攜家向釜潭 문 설 휴 가 향 부 담	듣자니 가솔 이끌고 부담으로 향하였다는데,
釜潭形勝夢曾探 부 담 형 승 몽 증 탐	부담의 빼어난 경치 꿈속에서 찾았었다네.
山環水繞工粧點[2] 산 환 수 요 공 장 점	산 두르고 물 감돌아 경치 꾸밈 빼어나고,
土沃魚肥可哺含 토 옥 어 비 가 포 함	땅 기름지고 물고기 살져 먹을 만하다네.

1 | 전적노연령(魯典籍延齡) : 본관은 함평(咸平)이며 자는 대춘(大春)으로 죽산(竹山)에서 살았다. 중종 26년(1531) 식년 생원시와 진사시에 합격하였으며, 중종 35년(1540) 문과의 별시에 합격하였다.

2 | 산환수요(山環水繞) : 송나라 조공예(趙公豫)의 〈팽택에서 옛 일을 그리다(彭澤懷古)〉 「푸른 산은 작은 고을 두르고, 맑은 물은 외로운 성 감도네.」(靑山環小邑, 白水繞孤城) 송나라 곽상정(郭祥正)의 〈호주 동림 심씨의 동로암에 지어부치다(寄題湖州東林沈氏東老庵)〉 「동림 심랑의 참된 은거지, 산 두르고 물 감돌아 방호 열어놓았네.」(東林沈郎真隱居, 山環水遶開方壺)

極意林皐諳蕙路
극 의 림 고 암 혜 로

뜻 지극하니 숲속 언덕
향기로운 길 알고,

盡情雲月伴茅庵
진 정 운 월 반 모 암

마음 다하니 구름과 달
띠집과 짝하네.

塵中日日成何事
진 중 일 일 성 하 사

내 속세에서 날마다
무슨 일 이루었던가?

回首龍門思不堪
회 수 룡 문 사 불 감

용문산으로 고개 돌리니
생각 견딜 수 없다네.

47. 至月十六日雪[1]

동짓달 16일에 눈이 내리다

朔雲奄四合 삭 운 엄 사 합	북쪽 구름 사방을 덮는가싶더니,
玄關閟不啓 현 관 비 불 계	현관 닫히어 열리지 않는다네.
茫茫不見垠 망 망 불 견 은	아득하여 끝 보이지 않고,
莽莽靡有底 망 망 미 유 저	어렴풋하니 바닥도 없다네.

1 | 1553년(계축년) 11월 16일에 지었다.(정석태 《연표·2》 217쪽)

霏霏者維霰[2] 비 비 자 유 산	펑펑 싸락눈 내리는데,
先集若有徯[3] 선 집 약 유 혜	먼저 모인 눈 기다렸다는 듯.
俄頃雪花作 아 경 설 화 작	잠깐 만에 눈꽃 되더니만,
倏忽勢相遞 숙 홀 세 상 체	갑자기 기세 서로 바뀌네.
漫空乍晻靄 만 공 사 엄 애	어지러이 하늘에서 언뜻 어둑한 듯싶더니,
蓋地已瑳玼[4] 개 지 이 차 자	땅 덮어 이미 새하얘졌다네.

2 | 비비(霏霏) : 눈이나 비가 많이 내리는 모양.《시경·소아·고사리를 캠(采薇)》「지금 와서 내 생각해보니, 눈이 펄펄 내렸다네.」(今我來思, 雨雪霏霏)

3 | 유선~선집(維霰~先集) : 《시경·소아·규변(頍弁)》「저 함박눈이 내림에, 먼저 싸락눈이 모이는 것과 같다네.」(如彼雨雪, 先集維霰)

4 | 차체(瑳玼) : 《고증》「옥 색깔이 깨끗하고 흰 모습이다.」(玉色鮮白貌)

素鸞飄羽毛 소 란 표 우 모	흰 봉황 깃털 날리는 것 같고,
玉妃紛姪娣[5] 옥 비 분 질 제	옥비에 동생들까지 뒤섞인 듯.
萬樹攢寂寂 만 수 찬 적 적	모든 나무 쓸쓸히 모여 있고,
千街渾瀰瀰 천 가 혼 미 미	온 거리 온통 질펀하다네.
銀闕裹觚稜[6] 은 궐 과 고 릉	은 궁궐 모서리 덮어 쌌고,
瑤城裝埤堄[7] 요 성 장 비 예	아름다운 성 성가퀴 꾸민다네.

5 | 옥비(玉妃) : 당나라 한유(韓愈)의 〈신묘년의 눈(辛卯年雪)〉「흰 무지개가 먼저 길을 여니, 수많은 아가씨들이 그를 따르네.」(白霓先啓道, 從以萬玉妃)

6 | 고릉(觚稜) : 《문선(文選)》 한나라 반고(班固)의 〈서쪽 도읍(西都賦)〉「벽문의 봉궐을 세우니, 모서리 위에 금 공작이 깃들었네.」(設璧門之鳳闕, 上觚稜而棲金雀) 당나라 여향(呂向)의 주석 「고릉은 궁궐의 모서리이다.」(觚稜, 闕角也)

7 | 비예(埤堄) : 《고증》「성벽위의 성가퀴이다. 본래 비예(睥睨)라고 하였다.」(城上女墻, 本作睥睨) 당나라 두보(杜甫)의 〈남극(南極)〉「성루엔 슬픈 딱따기 소리 울려 퍼지고, 깃발은 석양에 나부끼네.」(睥睨登哀柝, 蝥弧照夕曛)

豈唯淨溝塗
기 유 정 구 도

어찌 다만 진창과 진흙길만 깨끗해지겠는가?

漸覺平隴坻
점 각 평 롱 지

언덕과 기슭도 평평해짐 점점 깨닫는다네.

古來臘前白[8]
고 래 랍 전 백

예로부터 섣달 전의 흰 눈,

豐徵賀天陛
풍 징 하 천 폐

풍년들 조짐이라 임금께 하례 올렸다네.

今玆幸及時
금 자 행 급 시

지금 다행히 때맞추어 내리니,

汔可潤麥薺
흘 가 윤 맥 제

거의 보리와 냉이 적셔줄 수 있을 것이네.

8 | 비예(埤堄) : 《고증》「성벽위의 성가퀴이다. 본래 비예(睥睨)라고 하였다.」(城上女墻, 本作睥睨) 당나라 두보(杜甫)의 〈남극(南極)〉「성루엔 슬픈 딱따기 소리 울려 퍼지고, 깃발은 석양에 나부끼네.」(睥睨登哀柝, 蝥弧照夕曛)

念彼湖與嶺 염 피 호 여 령	저 호남과 영남 생각해보니,
二年遭凶癠 이 년 조 흉 제	2년째 흉년 만났다네.
赤子在焚溺[9] 적 자 재 분 닉	갓난아기 같은 백성들 환난 중에 있으니,
聖心軫一體 성 심 진 일 체	임금님 마음 한 몸인양 아파하셨다네.
德意與天同[10] 덕 의 여 천 동	은덕 베풀려는 뜻 하늘과 같아,
推行法周禮 추 행 법 주 례	주나라 예법 본받아 미루어 행하셨다네.

9 | 적자(赤子) : 원래의 뜻은 갓난아이인데, 여기서는 백성들을 가리킨다.
분닉(焚溺) : 불에 타고 물에 빠지는 것으로, 고난 또는 환난을 비유하는 말이다. 송나라 소옹(邵雍)의 〈물과 불을 읊음(水火吟)〉「물과 불 그 통제를 잃으면, 불에 타고 물에 빠지는 일 곧장 이를 수 있다네.」(水火失其御, 焚溺可立至)

10 | 덕의여천동(德意與天同) : 당나라 장열(張說)의 〈삼가 황제께서 지으신 눈을 기뻐하다라는 시에 화답하여 황제의 명으로 짓다(奉和聖製喜雪應制)〉「임금의 덕 하늘과 같으니, 뫼처럼 쌓인 공에 보답코자 하네.」(聖德與天同, 封巒欲報功)

去年尙有蓄 거 년 상 유 축	지난해에는 그래도 비축미 있어서,
猶多賴以濟 유 다 뢰 이 제	오히려 덕분에 많이 구제되었다네.
今年蓄已竭 금 년 축 이 갈	올해는 비축미도 이미 다하였으니,
何處得饘米 하 처 득 전 미	어디서 죽 끓일 쌀 얻으리오?
未免責飢民 미 면 책 기 민	백성 주리게 한 책임 아직 면치 못하였으니,
補末戕其柢 보 말 장 기 저	가지 끝만 돕다가 뿌리 상하였다네.
此亦無柰何 차 역 무 내 하	이 또한 어찌할 수 없으니,
何由弭怨詆 하 유 미 원 저	무슨 방법으로 원망과 꾸지람 그치게 하겠는가?

但願天覆閔
단 원 천 복 민

다만 원컨대 하늘이 덮어주고
불쌍히 여겨,

嘉祥終不扺
가 상 종 불 저

아름다운 상서 끝내
다하는 일이 없도록 하고,

穰穰百穀登[11]
양 양 백 곡 등

주렁주렁 백곡 풍년들어,

我民兄保弟
아 민 형 보 제

우리 백성들 형이 아우 보살피며,

閭閻歌鴻鴈[12]
여 염 가 홍 안

민간에서는 〈홍안〉편 노래하여,

鬼神享酒醴
귀 신 향 주 례

귀신들은 술과 단술 흠향하였으면.

11 | 양양(穰穰) : 풍년이 들어 곡식 따위가 잘 익은 모양. 《시경·상송(商頌)·열조(烈祖)》 「하늘로부터 편안함을 내리시어, 풍년들어 (오곡) 주렁주렁 열렸다네.」(自天降康, 豐年穰穰) 주자는 「양양(穰穰)은 많은 것이다.」(穰穰, 多也)라 하였다.
백곡등(百穀登) : 등(登)은 익다, 성숙(成熟)하다의 뜻. 《맹자·등문공(滕文公) 상》에 「오곡이 익지 않았다」(五穀不登)는 말이 나오는데, 주자는 「성숙하다」(成熟也)라고 주석을 달았다. 송나라 소식(蘇軾)의 〈여지를 한탄하노라(荔枝歎)〉 「비 잘 내리고 바람 고르게 불어 온갖 곡식 잘 여물어, 백성들 굶주리고 떨지 않는 것이 가장 좋은 징조라네.」(雨順風調百穀登, 民不飢寒爲上瑞)

12 | 홍안(鴻鴈) : 《시경·소아·홍안(鴻雁)》편 주자의 주석 「구설에 의하면 『주나라 왕실이 중간에 쇠하여 만민들이 이산하였는데, 선왕이 수고로운 자를 위로하고 오는 자를 오게 하고, 간 자를 돌아오게 하고 어지러운 자를 안정시키고, 위태로운 자를 편안하게 하고 흩어진 자를 모여 살게 하였다.』라 하였다.」(舊說, 周室中衰, 萬民離散, 而宣王能勞來還定安集之)

一飽亦君恩[13]
일 포 역 군 은

한번 배불리 먹음 또한 임금의 은혜니,

萬壽咸拜稽[14]
만 수 함 배 계

만수무강 빌며 모두 절하고 머리 조아리네.

力疾坐獨謠[15]
역 질 좌 독 요

억지로 병 지탱하며 앉아서
홀로 노래하자니,

潸然下雙涕
산 연 하 쌍 체

줄줄 두 줄기 눈물 흐르네.

13 | 일포역군은(一飽亦君恩) : 송나라 육유(陸游)의 〈벽에다 적다(書壁)〉「남은 해 오히려 무엇을 탄식할까? 한번 밥 먹는 것 또한 임금의 은혜라네.」(餘年尚何歎, 一飯亦君恩)

14 | 만수(萬壽) : 장수(長壽)와 같은 말. 주로 축복하는 말로 쓰인다. 《시경·소아·남산에 대 있고(南山有臺)》「즐겁도다 군자여, 장수하여 기한이 없도다.」(樂只君子, 萬壽無期)

15 | 좌독요(坐獨謠) : 당나라 한유(韓愈)의 〈봄눈(春雪)〉「눈 보니 새벽부터 오기 시작하여, 앉아서 홀로 노래하는 이 없다네.」(看雪乘淸旦, 無人坐獨謠)

48. 雪月夜吟[1]

눈 온 달밤에 읊조리다

雪和明月皎無風 설화명월교무풍	눈은 밝은 달과 어울려 희고 바람 없는데,
霽色寒光也倂空[2] 제색한광야병공	갠 경치며 차가운 빛 또한 모두 텅비었다네.
一榻似安冰窖裏 일탑사안빙교리	평상 하나 얼음 움집 속에서 편안한 듯하고,
萬家如在玉壺中 만가여재옥호중	만호나 되는 집은 옥 항아리 안에 있는 듯.

1 | 권오봉은 52세에 지은 것으로 보았다.(《대전》 501쪽)

2 | 제색한광(霽色寒光) : 당나라 위모(魏謩)의 〈중양절에 하사한 연회에서 임금님이 지으신 시에 화답함(和重陽錫宴御製詩)〉「여덟 내에서 차가운 빛 일어나니, 모든 산 맑게 갠 경치 열리네.」(八水寒光起, 千山霽色開)

鷄驚曉漏催□□
계 경 효 루 최 □ □

닭은 새벽 물시계에 놀라
□□ 재촉하고,

婢撥罏灰覓火紅
비 발 로 회 멱 화 홍

계집종은 화로의 재 뒤적여
붉은 불씨 찾는다네.

向老極知虛白妄[3]
향 로 극 지 허 백 망

늙어가며 빈방이
환해지는 망령됨 잘 아니,

靜中眞箇有新功
정 중 진 개 유 신 공

고요한 가운데 실로
새로운 공부 있다네.

3 | 제색한광(霽色寒光) : 당나라 위모(魏謩)의 〈중양절에 하사한 연회에서 임금님이 지으신 시에 화답함(和重陽錫宴御製詩)〉「여덟 내에서 차가운 빛 일어나니, 모든 산 맑게 갠 경치 열리네.」(八水寒光起, 千山霽色開)

49~50. 集勝亭[1]

집승정

49

山水休將遠討奇
산 수 휴 장 원 토 기

산수의 경치 먼 곳에서
기이함 따지려 마오,

天慳斯境爲君披
천 간 사 경 위 군 피

하늘이 이곳 아껴놓았다가
그대에게 펼쳐 보여주었다네.

墟烟埽盡溪鋪練
허 연 소 진 계 포 련

마을의 안개 싹 걷히고
시내는 깁 펼쳐놓았으며,

郡角吹殘月上眉
군 각 취 잔 월 상 미

군의 뿔피리 부는 소리 끝나자
달 눈썹 같이 떠오르네.

1 | 집승전(集勝殿) : 안승종(安承宗 : 자는 孝思)이 지은 정자. 안승종은 예천(醴泉)의 노포(蘆浦)에서 살았다. 퇴계의 숙부 이우(李堣)의 《송재집·속집(松齋集·續集)》 권1에 이 시와 같은 각운자를 써서 지은 〈안효사가 지은 집승정 시의 각운자를 써서 짓다(次安孝思集勝亭韻)〉가 수록되어 있다. 《내집》 권5와 《외집》(43~44)에도 다른 운자를 써서 차운한 시가 수록되어 있다.

酩酊難成習池醉[2]
명 정 난 성 습 지 취

술에 취하여도 습지에서
취함 이루기 어렵고,

風流先賦峴山詩[3]
풍 류 선 부 현 산 시

풍류는 현산의
시에서 먼저 읊었다네.

因思聚散浮生理[4]
인 사 취 산 부 생 리

모였다 흩어짐 뜬
인생의 이치라 생각해보고는,

每憶聯牀野寺時
매 억 련 상 야 사 시

매번 들의 절에서 침상
나란히 하였을 때 생각한다네.

50

曾過亭前恨亦深
증 과 정 전 한 역 심

일찍이 정자 앞 지났을 때
한 또한 깊었으니,

2 | 습지(習池) : 곧 습가지(習家池)의 준말. 고양지(高陽池)라고도 하며, 호북성(湖北省) 양양(襄陽) 현산(峴山)의 남쪽에 있다. 《진(晉)나라의 역사·산간(山簡)의 전기》「산간이 양양을 위무하였는데 여러 습씨의 형의 토족들이 아름다운 원지를 가지고 있어서 산간은 항상 나가서 즐겁게 놀았으며 거의 못가로 가서 술을 차려놓고 그때마다 취하여 그곳을 고양지라 하였다.」(簡鎭襄陽, 諸習氏荊土豪族, 有佳園池, 簡每出遊嬉, 多之池上, 置酒輒醉, 名之曰高陽池) 나중에는 빼어난 원지(園池)를 가리키는 말로 쓰이게 되었다. 당나라 두보(杜甫)의 〈우문조 상서의 생질과 최욱 사업의 손자, 상서의 아들 중 정감심의 집 앞의 호수에 배를 띄우다(宇文晁尙書之甥崔彧司業之孫尙書之子重泛鄭監審前湖)〉「다만 습지에서 취한 채 돌아갈 뿐만 아니니, 그대 정곡 인연 버렸음 보게나.」(不但習池歸酩酊, 君看鄭谷去寅緣) 예천의 군 이름이 양양이고 또 현산이라고도 하므로 이렇게 읊었다.

3 | 현산(峴山) : 《고증》「예천이다. 군 이름은 양양(襄陽), 또는 현산(峴山)이라고 하였다.」(醴泉. 郡名, 襄陽, 亦稱峴山)

4 | 취산부생(聚散浮生) : 당나라 이군옥(李羣玉)의 〈거듭 파구를 지나다(重經巴邱)〉「뜬 인생 모였다 흩어졌다 구름과 비슷하고, 지난 일 흐릿함 꿈과 같다네.」(浮生聚散雲相似, 往事微冥夢一般)

無因一上爲探尋
무 인 일 상 위 탐 심

한번 올라 탐색해볼
길 없었음이라네.

豈知山色迎人眼
기 지 산 색 영 인 안

어찌 알았으리오, 산의 경치
사람의 눈 맞이할 줄을.

聊喜溪光照客心
요 희 계 광 조 객 심

애오라지 기뻐하네, 시내의 빛
나그네 마음 비춤을.

香土趨榮身役役[5]
향 토 추 영 신 역 역

관직에서 영예 쫓으니
몸 끝없이 수고롭지만,

名區入夢意沈沈
명 구 입 몽 의 침 침

명승지 꿈에 드니
뜻 깊고 깊네.

秋來未辦東行計[6]
추 래 미 판 동 행 계

가을 되도록 동쪽으로 갈
계획 갖추지 못하여,

鴻鴈歸時謾寄吟[7]
홍 안 귀 시 만 기 음

기러기 돌아갈 때
함부로 읊조려 부친다네.

5 | 향토(香土) : 궁정 안의 뿌연 먼지, 분주한 관직생활을 의미한다. 송나라 소식의 〈장지기(蔣之奇)와 전협권(錢勰權)이 경령궁으로 수행하면서 지은 시의 각운자를 써서 짓다(次韻蔣穎叔錢穆父從駕景靈宮)〉 두 수 중 첫째 시 「반백의 머리 목까지 드리운 것 부끄럽지 않고, 연분홍의 먼지는 오히려 수레바퀴 따르는 것 그리워하네.」(半白不羞垂領髮, 軟紅猶戀屬車塵) 소식 자신의 주석 「선배들의 우스갯소리에 『서호의 바람과 달이 동화궁의 향기로운 연분홍 먼지보다 못하다.』라는 것이 있다.」(前輩戲語, 有西湖風月, 不如東華軟紅香土)

역역(役役) : 노고가 끊이지 않는 모습. 《장자·제물론(齊物論)》 「죽도록 고생고생하면서도 그 공을 이룸은 보지 못한다.」(終身役役, 而不見其成功)

6 | 동행계(東行計) : 서울서 고향인 예안으로 가려는 계획을 말한다.

7 | 홍안귀시(鴻鴈歸時) : 송나라 왕안석(王安石)의 〈과거 동기생인 유자옥에게 드림(呈柳子玉同年)〉 「3년 동안 업왕의 누대에 오르지 못하였더니, 기러기 돌아갈 때에 또 북쪽으로 왔다네.」(三年不上鄴王臺, 鴻鴈歸時又北來)

【참고】 이우(李堣)의 차운시

次安孝思集勝亭韻

안효사의 집승정 시의 각운자를 써서 짓다

一年亭景到秋奇	한 해의 정자 경치 가을에 이르니 기이한데,
入眼雲煙遠近披	눈에 드는 구름과 안개 멀리 가까이서 열리네.
窣窣寒聲生木葉	솔솔 차가운 소리 나뭇잎에서 나고,
蕭蕭疏雨度山眉	쏴쏴 성근 비 눈썹 같은 산 넘어온다네.
平分濃淡爭成畫	고르게 짙고 옅음 나누어 다투어 그림 그리니,
不用敲推強索詩	이리저리 구절 다듬으며 억지로 시 구할 필요 없다네.
嵐翠霏霏衣欲濕	이내 푸른빛 물씬물씬 옷 물들이려 하네.

忽驚西岳日沈時	서악에 해 가라앉을 때 놀라지 말게나.
天地凄清秋欲深	온 천지 쓸쓸하고 맑아 가을 깊어지려는데,
一亭佳處晚來尋	한 정자 아름다운 곳 늦게사 찾아왔다네.
森羅景物無窮意	삼라만상 뜻 무궁한데,
今古騷人不盡心	예로부터 시인들 마음 다 읊어내지 못했다네.
已信塞翁知禍福	이미 변방 늙은이 화와 복 알았음 믿고,
更從鷗海學浮沈	다시 바다 갈매기에게서 부침 배운다네.
凭欄竟日忘歸去	난간에 기대이 종일토록 돌아갈 것 잊었는데,
又有寒蟬共我吟	또한 가을매미 나와 함께 읊조린다네.

51. 送金伯純赴洪原_克一[1]

김백순이 홍원에 부임함에 전송하다_극일이다

嶺南擧擧後來英
영 남 거 거 후 래 영

영남의 높이 오른
나중에 태어난 영재,

文藝飛騰早播名
문 예 비 등 조 파 명

글재주 날아올라
일찍부터 이름 알려졌다네.

館閣久宜供袞職[2]
관 각 구 의 공 곤 직

관각에서는 오래도록
임금님 보필하는 직분에 알맞았고,

閭閻暫試輟愁聲
여 염 잠 시 철 수 성

민간에서는 잠시
시름 소리 그치게 함 시험해보겠네.

看雲叵耐三春戀[3]
간 운 파 내 삼 춘 련

구름 보며 어찌 봄
석 달의 그리움 견디겠는가?

1 | 김백순(金伯純) : 학봉 김성일의 형인 약봉(藥峯) 김극일(金克一 : 1522~1585)의 자. 김극일에 대해서는《내집》권1 87번 시의 주 1)을 보라. 이 시는 1554년 홍원현감으로 부임하여 갈 때 지어준 송별시이다.

2 | 곤직(袞職) : 옛날 제왕의 직분을 가리키며, 또한 나아가 제왕을 가리키기도 한다.《시경·대아·증민(烝民)》「곤직에 결함이 있거든, 오직 중산보만이 보좌한다네.」(袞職有闕, 維仲山甫補之) 당나라 공영달(孔穎達)의 주석[疏]「곤직은 실은 왕의 직분이다.」(袞職, 實王職也)

3 | 간운~삼춘련(看雲~三春戀) :《고증》「당나라 때 적인걸이 병주 참군이 되어서 태항산에 올라 흰 구름을 바라보면서 말하기를『나의 부모님께서 그 아래에 계신다.』하고 한참동안 바라보았다고 한다. 이 시의 뜻은 아마 이 시에 바탕을 둔 것 같다.」(案, 狄仁傑爲幷州參軍, 登太行山, 望白雲曰, 吾親舍其下, 瞻望久之. 詩意恐本於此)《내집》권3 124번 시의 주 4)를 참조하여 보라.

叱馭何辭九折行[4]
질 어 하 사 구 절 행

마부 꾸짖으며 구절판
　감 어찌 사양하겠는가?

邇日邊烽頗警急[5]
이 일 변 봉 파 경 급

가까운 날 변경의 봉화
　자못 경보 다급하리니,

濡袽莫慢戒孤城[6]
유 녀 막 만 계 고 성

젖은 솜으로나마 외로운 성
　경계하는 일하지 가볍게 여기지말게나.

4 | 질어~구절행(叱馭~九折行) : 《한나라의 역사·왕존(王尊)의 전기》「낭야의 왕양이 익주 자사가 되어 일행이 공래의 구절판에 이르자 탄식하여 말했다. 『선친이 물려주신 몸을 받들고 어찌 이다지 험한 곳을 여러 번 올라야 한단 말인가!』 나중에 병들어 떠났다. 왕존이 자사가 되어 구절판에 이르러 관리에게 물었다. 『이곳은 왕양이 두려워했던 길이 아니냐?』 관리가 대답하여 말했다. 『그렇습니다.』 왕존이 마부를 꾸짖어 말하기를 『빨리 몰아라! 왕양은 효자이고, 나 왕존은 충신이다.』라 하였다.」(琅邪王陽爲益州刺史, 行部至邛郲九折阪, 歎曰, 奉先人遺體, 奈何數乘此險. 後以病去. 及尊爲刺史, 至其阪, 問吏曰, 此非王陽所畏道邪? 吏對曰, 是. 尊叱其馭曰, 驅之! 王陽爲孝子, 王尊爲忠臣) 송나라 육유의 〈도하용 밧줄(度筰)〉「몇 번이나 이 험난한 곳 타고 가면서 스스로 괴이히 여겼는데, 구절판 원래 마부 꾸짖으며 간 것 아니라네.」(數乘此險私自怪, 九折元非叱馭行)

5 | 변봉파경급(邊烽頗警急) : 삼국시대 위나라 조식(曹植)의 〈백마편(白馬篇)〉「변방의 성 매우 긴박하여, 오랑캐 놈들 부단히 침입해온다네.」(邊城多警急, 胡虜數遷移)

6 | 유여(濡袽) : 《고증》「헌솜인데, 배가 새는 곳을 막는 것이다.」(絮縕, 所以塞舟漏) 《주역·기제(旣濟)》괘 밑에서부터 네 번째 음효[六四]의 효사 「젖으니 누더기로 틈을 막는다. 종일토록 경계한다.」(濡有衣袽, 終日戒)

52~54. 贈別趙龍門昱赴長水縣任[1]

용문 조욱이 장수현에 부임함에 시를 지어주어 이별하다

52

聞說君曾物外栖[2] 문 설 군 증 물 외 서	듣자하니 그대 일찍이 세상 바깥에 살았다는데,
龍門山下白雲溪 용 문 산 하 백 운 계	용문산 아래에 있는 백운계라 하였다하네.

1 | 조욱(趙昱 : 1498~1557) : 본관은 평양(平壤)이고, 자는 경양(景陽)이며, 호는 용문(龍門)·보진재(葆眞齋)이다. 중종 11년(1516) 생원·진사 양시에 합격하였으나 벼슬을 단념하고, 조광조(趙光祖)·김식(金湜)을 사사하면서 학문연마에 힘썼다. 형인 성(晟)과 함께 삭령에 집을 짓고 학문을 강론하였는데, 세상에서는 정호(程顥)·정이(程頤) 형제에 비겨 칭송하였다. 용문산(龍門山 : 지금의 경기도 양평)에 들어가 은거하였는데, 학문이 알려져 용문선생이라 일컬어졌다. 명종 때 성수침(成守琛)·조식(曺植) 등과 함께 천거되어 내섬시주부(內贍寺主簿)가 제수되었고, 이듬해(1544년) 전라도 장수현감에 이르렀다. 서경덕(徐敬德)·이황(李滉) 등 당대의 명사들과 교유하였다. 이조참의에 추증되었고, 용문서원에 배향되었다. 문집인 《용문집》을 남겼고, 시호는 문강(文康)이다.

2 | 물외(物外) : 세상 바깥. 속세의 바깥에서 초탈하였음을 말한다. 한나라 장형(張衡)의 〈전원으로 돌아가다(歸田賦)〉 「실로 세상 바깥에서 마음껏 놀고자 하니, 영예와 욕됨이 흘러감을 어찌 알겠는가?」(苟縱心於物外, 安知榮辱之所如)

當年幾欲追君去
당 년 기 욕 추 군 거

그 당시에 몇 번이나
그대 쫓아 가보려 했던가?

坐對蓬窗出共犂[3]
좌 대 봉 창 출 공 리

앉아서는 쑥대 창문 마주하고
나가서는 함께 밭 갈고자.

53

我本田翁有好懷[4]
아 본 전 옹 유 호 회

내 본래 늙은 농부
좋은 흉회 가졌는데,

半生深願苦成乖[5]
반 생 심 원 고 성 괴

반평생 깊이 바람
실로 어그러졌다네.

君今束帶同吾輩[6]
군 금 속 대 동 오 배

그대 지금 띠 매고
우리와 같이 되었으니,

3 | 출공리(出共犂) : 송나라 고승(高承)의 《사물기원(事物紀原)》「한무제는 조과를 수속도위로 삼았는데, 백성들에게 파종하여 번식시키는 법을 가르쳤는데 그 법은 쟁기 세 개를 한 마리 소에다 묶어 한 사람이 끌게 하였다.」(漢武帝以趙過爲搜粟都尉, 教民種殖, 其法三犂共一牛, 一人將之)

4 | 전옹유호회(田翁有好懷) : 진나라 도연명의 〈술을 마시며(飮酒)〉 제9수 「그대 누구인가 물어보니, 농부인데 좋은 생각 있다하네.」(問子爲誰歟, 田父有好懷)

5 | 고(苦) : 부사로 쓰이면 성(誠), 실(實)의 뜻으로 쓰인다. 실로.

6 | 속대(束帶) : 관복의 띠를 매는 것으로, 곧 공무를 보는 것을 말한다. 당나라 위응물(韋應物)의 〈동쪽 곁방[군수의 서재]에서 휴가를 보내다(休暇東齋)〉「예로부터 관복의 띠 맨 선비들, 높은 사람 뵙고 여쭘에 아침저녁 없었다네.」(由來束帶士, 請謁無朝暮)

爲問人間底事諧[7]
위 문 인 한 저 사 해

묻건대 인간세상
어떤 일 뜻대로 되던가?

54

塵世紛紛好議譏
진 세 분 분 호 의 기

속세에서는 분분히
의논하고 나무람 좋아하였으니,

古來處士是兼非
고 래 처 사 시 겸 비

예로부터 그대 같은 처사들은
남들에게 좋은 소리 나쁜 소리 다 들었다네.

歲寒看取心如鏡[8]
세 한 간 취 심 여 경

날씨 추워진 뒤에야
마음이 거울 같았는지 알게 될 것이니,

莫把行藏困一麾[9]
막 파 행 장 곤 일 휘

그대의 거취 이 한 고을 맡음
너무 곤란하게 생각하지 말게나.

7 | 저사(底事) : 「어떤 일」(何事), 「이 일」(此事)이라는 뜻이 있는데 여기서는 전자의 뜻으로 쓰였다.

8 | 세한(歲寒) : 《논어·선생님은 드물게(子罕)》편의 「날씨가 차가워진 뒤에야 소나무와 잣나무가 늦게 시듦을 안다.」(歲寒然後知松柏之後凋也) 송백후조(松柏後凋) 곧 굳은 절개를 말한다.

간취(看取) : 취(取)자는 별 뜻이 없이 쓰인 조사이다.

9 | 행장(行藏) : 《논어·전술하되(述而)》 「공자가 안연에게 이르기를 『쓰이면 나가고 버려지면 숨는 것이니, 오직 나하고 너만이 이러하구나!』라 하였다.」(子謂顔淵曰, 用之則行, 舍之則藏, 唯我與爾有是夫!) 흔히 거취, 처세라는 뜻으로 사용된다.

일휘(一麾) : 곧 일휘출수(一麾出守)를 말한다. 일휘는 원래 「배척되다」라는 뜻이었으나, 나중에는 깃발의 의미로도 쓰이어 한 고을의 수령이 되어나가는 것도 함께 이르는 말이 되었음. 《내집》 권1 〈145〉의 주 2)를 보라.

55~56. 孫兒阿蒙, 命名曰安道, 示二絶云

손자인 아몽의 이름을 안도라 짓고 절구 두 수를 지어서 보여주노라

55

失敎今當大學年[1] 실 교 금 당 대 학 년	가르침 때 잃어 지금은 태학에 들어가야 할 나이인데,
命名爲道若欺然 명 명 위 도 약 기 연	이름을 도라 지으니 마치 속이는 듯.
他時見此如裘葛[2] 타 시 견 차 여 구 갈	훗날 이것 봄 겨울날 갖옷과 여름날 갈포옷처럼 여긴다면
始信吾非濫託賢[3] 시 신 오 비 람 탁 현	비로소 믿으리, 내 함부로 현명함에 기탁하지 않았음을.

1 | 태학년(大學年) : 15세를 말한다. 주자의 〈대학장구의 서문(大學章句序)〉 「15세에 이르면 천자의 원자·중자로부터 공·경·대부·원사의 적자와 모든 백성의 준수한 자에 이르기까지 모두 태학에 들어간다.」(及其十有五年, 則自天子之元子衆子, 以至公卿大夫元士之適子與凡民之俊秀, 皆入大學) 이때 퇴계의 맏손자는 14세였는데, 아명을 몽(蒙)이라고 하였고 민도(敏道)라는 이름을 지어주었다가 이때 다시 「안도」로 바꾸어준 것이다.

2 | 구갈(裘葛) : 당나라 한유의 〈도의 본질을 밝힘(原道)〉 「여름이면 갈포로 만든 옷을 입고 겨울이면 모피로 만든 옷을 입으며, 목이 마르면 물을 마시고 배가 고프면 밥을 먹는 것은 그 하는 일은 달라도 그것이 지혜롭게 되는 까닭은 마찬가지이다.」(夏葛而冬裘, 渴飮而飢食, 其事殊, 其所以爲智一也) 여기서는 때에 맞는 의복을 입는 것처럼 이름이 익숙해져 편안히 들리게 되는 것을 말한다.

3 | 탁(託) : 번남본(樊南本)에는 이 글자가 「자랑할 타」(詑)자로 되어 있다.

56

記誦工夫在幼年 기 송 공 부 재 유 년	암기하여 외는 공부 유년에 있으니,
從今格致政宜然[4] 종 금 격 치 정 의 연	지금부터는 격물치지의 공부 딱 마땅하리라.
但知學問由專力 단 지 학 문 유 전 력	다만 학문 힘 오로지 함에 말미암음 알아야 하리니,
莫道難攀古聖賢[5] 막 도 난 반 고 성 현	옛 성현 따르기 어렵다 말하지 말라.

嘉靖甲寅, 臘月初八日, 在漢京書寄

가정 갑인년(1554) 섣달 초8일에 서울에서 써서 부치다

4 | 격치(格致) : 《대학》의 팔조목(八條目) 가운데 격물(格物)과 치지(致知)의 공부를 가리킨다.

5 | 난반고성현(難攀古聖賢) : 송나라 귀산(龜山) 양시(楊時)의 〈사예가 부쳐온 시의 각운자를 써서 짓다(次韻思睿見寄)〉「성현 천고에 따르기 어려움 부끄럽고, 힘써 공부함 바야흐로 감히 스스로 익숙하지 못할까 근심하네.」(聖賢千古愧難攀, 力學方憂敢自閒)

57. 次聽松坡山四言詩韻[1]

청송의 〈파산〉이란 4언시의 운자를 써서 짓다

髮之求解 발 지 구 해	머리카락 풀고자 한다면,
毋漆以沐[2] 무 칠 이 목	옻으로 머리 감아서는 안 된다네.
山之郊國 산 지 교 국	내 사는 서울 교외의 산,

1 | 청송(聽松) : 성수침(成守琛 : 1493~1564)의 호. 성수침에 대해서는 《내집》 권2 〈87〉의 주 27)을 보라.
파산(坡山) : 《고증》 「곧 파평산을 가리키는데, 파주에 있다.」(卽坡平山, 在坡州) 이 시는 내용으로 보아 퇴계선생이 서울에 올라와서 벼슬을 받고 난 뒤에 지은 것으로 보인다. 정석태는 55세 2월 15일에 지은 것으로 확인하였다.(《연표·2》 297쪽)

2 | 발지~이목(髮之~以沐) : 《고증》 「아마도 옻으로 머리를 감고 머리카락이 풀리기를 구한다는 말을 차용한 듯하다.」(恐是沐漆求解之語) 송나라 장뢰(張耒)의 〈진소장이 임안 주부(主簿)로 부임해 감에 전송하면서 지어주는 글(送秦少章赴臨安簿序)〉 「관리가 되지 않고자 하였으나 또한 그것이 불가능하였으니 지금 이후로는 옻으로 머리를 감고 풀리기를 바라는 것과 같을 것이다.」(欲不為吏, 亦不可得, 自今以往, 如沐漆而求解矣) 안 되는 일을 구하려 한다는 뜻이다.

乃成濯濯[3] 이에 민둥민둥하게 되었다네.
내 성 탁 탁

睠彼碩人[4] 저 덕 있는 이 돌아보니,
권 피 석 인

離索是憂[5] 나 홀로 쓸쓸함 근심스럽다네.
이 삭 시 우

結蘭延佇[6] 난초 엮어 우두커니 서서,
결 란 연 저

思與同遊[7] 더불어 함께 노닐 것 생각한다네.
사 여 동 유

3 | 산지~탁탁(山之~濯濯) : 《맹자·고자(告子) 상》「맹자께서 말씀하였다. 『우산의 나무가 일찍이 아름다웠었는데, 큰 나라의 도읍의 교외에 위치하였기 때문에 도끼와 자귀로 매일 나무를 베어가니, 아름답게 될 수 있겠는가. 그 일야[밤]에 자라나는 바와 우로가 적셔주는 바에 싹이 나오는 것이 없지 않건마는, 소와 양이 또 따라서 방목되므로, 이 때문에 저와 같이 민둥민둥하게 되었다.』」(孟子曰, 牛山之木, 嘗美矣, 以其郊於大國也. 斧斤伐之, 可以爲美乎? 是其日夜之所息, 雨露之所潤, 非無萌蘖之生焉, 牛羊又從而牧之, 是以若彼濯濯也)

4 | 권피석인(睠彼碩人) : 《시경·소아·백화(白華)》「휘파람 불고 노래하며 서글퍼하여, 저 석인을 생각하노라.」(嘯歌傷懷, 念彼碩人) 주자의 주석 「석인은 존대한 이의 칭호이다.」(碩人, 尊大之稱)

5 | 이삭(離索) : 「이군삭거」(離群索居), 곧 헤어져 삶, 또는 쓸쓸히 삶을 말한다. 《예기·단궁(檀弓) 상》에서 나온 말. 자세한 것은 권1의 〈195〉—48)을 보라.

6 | 결란연저(結蘭延佇) : 굴원의 초사 〈슬픔을 만나다(離騷)〉「때는 어둑어둑 저물어가려 하는데, 그윽한 난초 엮어서 우두커니 서 있네.」(時曖曖其將罷兮, 結幽蘭而延佇) 뒷 구절에 대하여 주자는 「꽃향기로 스스로 깨끗하게 하였으나 향하여 갈 곳이 없다는 것을 말한다.」(言以芳香自潔, 而無所趨向也)라 하였다.

7 | 사여동유(思與同遊) : 당나라 두보의 〈강가에서 물을 만났는데 바다의 형세 같아 애오라지 짧게 말하여본다(江上值水如海勢, 聊短述)〉「어떻게 하면 생각이 도연명과 사령운의 솜씨와 같이 될 수 있을까? 그들로 하여금 작품을 짓게도 하고 함께 어울려 놀 수도 있을까?」(焉得思如陶謝手, 令渠述作與同遊)

附聽松詩[8]

청송의 시를 첨부한다

坡山之下	파산의 아래,
可以休沐	휴식하며 머리 감을 만하네.
古澗淸泠	옛 시내 맑고 깨끗하여,
我纓斯濯	내 갓끈 예서 빤다네.
飮之食之	마시고 먹고 하니,
無喜無憂	기쁨도 없고 근심도 없다네.
奧乎玆山	이 산 깊숙하니,
孰從我遊	누구를 좇아 놀 필요 있겠는가?

8 | 이 시는 성수침의 《청송집(聽松集)》권1에 수록되어 있으며 제목은 〈파산(坡山)〉으로 되어 있다.

58. 伏呈案右[1]

삼가 책상에 드리다

常怪東方少隱淪
상 괴 동 방 소 은 륜

늘 우리 동방에
은자 적음 이상하게 생각하였는데,

半生吾已落風塵[2]
반 생 오 이 락 풍 진

반 평생 내 이미
먼지 바람에 떨어졌다오.

聽松高義那輕說[3]
청 송 고 의 나 경 설

소나무 바람소리 듣고 있는
그대의 높은 뜻 어찌 가벼이
말할 수 있으리오?

1 | 우(右)는 상대방을 높여 부른 것이다. 옛날에는 오른쪽을 숭상하였기 때문에 오른쪽을 위, 귀한 것, 높은 것으로 보았다. 역시 청송 선생에게 지어 보낸 것이다. 위의 시와 같은 날 지어보낸 것으로 본다.(정석태《연표·2》303쪽)

2 | 낙풍진(落風塵) : 당나라 백거이의 〈이소부 조장님께서 관사로 부쳐온 시에 답하다(酬李少府曹長官舍見贈)〉「한번 먼지바람 속에 떨어지고서야, 관리 되기 어려움 비로소 알았다네.」(一落風塵下, 始知為吏難)

3 | 청송(聽松) :《남조의 역사·은사들의 전기·도홍경(南史·隱逸傳·陶弘景)》「특히 소나무에 이는 바람 소리를 좋아하여, 뜰에는 모두 소나무만 심어놓고 그 소리를 들을 때마다 아주 기뻐하며 즐거워하였다.」(特愛松風, 庭院皆植松, 每聞其響, 欣然爲樂)

元亮今爲我輩人
원 량 금 위 아 배 인

신원량까지도 지금은
나와 같은 무리 되었다오.

申公潛, 字元亮[4]. 退居峨嵯山[5], 晩復從宦, 故落句云

신잠 공은 자가 원량이다. 아차산에 물러나 거처하다가 늘그막에 다시 벼슬살이를 하였으므로 마지막 구에서 말하였다

4 | 신잠에 대하여 상세한 것은《내집》권2 <75>의 주 1)을 보라.

5 | 아차산(峨嵯山):《고증》「한강의 북쪽, 양주의 동쪽에 있다. 곧 영천자(靈川子) 신잠(申潛: 1491~1554)이『이로부터 아차산 아래에 살리라』고 한 아차산이다.」(在漢江北楊州東, 卽靈川子所謂, 從此峨嵯山下臥者也)

59. 出東湖, 留一日, 丁上舍景錫, 雪中來別[1]

동호를 나서 하루를 머물렀는데 진사 정경석이 눈 속에 와서 이별하다

欲將古學驗諸書
욕 장 고 학 험 제 서

옛 학문 가지고
여러 책 징험하려 하니,

嘗笑君愚劇似余
상 소 군 우 극 사 여

일찍이 그대 어리석음
나와 아주 흡사함 웃었었다네.

共對湖山看春雪
공 대 호 산 간 춘 설

호당의 산 함께 대하고
봄 눈 보노라니,

離愁何用酒驅除[2]
이 수 하 용 주 구 제

이별의 근심 술로
몰아내 없앰 무슨 소용 있으리?

1 | 정경석(丁景錫) : 정윤희(丁胤禧 : 1532~1589)의 자. 퇴계의 동료였던 정응두(丁應斗)의 아들로 호는 고암(顧菴) 또는 순암(順庵)이다. 본관은 나주(羅州). 명종 7년(1552년) 생원·진사 양시에 모두 수석으로 합격하였다. 1556년 알성문과에 장원하여 홍문관전적이 되었으며 정언에 이어 병조좌랑·수찬·지평·부교리·이조정랑을 역임하고, 1560년에 사가독서하였다. 판결사를 거쳐 수년간 수령을 지냈다. 강원도관찰사까지 올랐으나 이듬해에 돌아와서 죽었다. 문장이 뛰어났고, 특히 사륙문(四六文)에 능하여 한때 홍문관과 예문관의 문서를 많이 찬술하였다. 문집으로는 《고암집》이 있다. 퇴계가 아낀 제자였으나 학문이 무르익기 전에 관직에 나간 것을 안타깝게 여겼다고 한다.
55세 2월에 지은 것이다.(정석태 《연표·2》 302쪽)

2 | 이수~주구제(離愁~酒驅除) : 송나라 소철(蘇轍)의 〈오흥의 이행중 수재가 부쳐온 시의 운자를 써서 짓고 아울러 취면정 시를 구함(次韻吳興李行中秀才見寄, 并求醉眠亭詩)〉「영예와 치욕 어찌 몸이 스스로 시험할 필요 있을 것이며, 궁지에 빠진 근심 술로 몰아내 쫓아냄 기다리지 않는다네.」(寵辱何須身自試, 窮愁不待酒驅除)

60~61. 次韻答趙景陽[1] _景陽, 時爲長水縣監

갈은 각운자를 써서 지어 조경양에게 답하다_ 경양은 지금 장수현감이다

60

知君縣裏淸山水
지 군 현 리 청 산 수

그대 현의 산수
맑음 알겠는데,

得助詩成比玉金[2]
득 조 시 성 비 옥 금

도움 받아 시 이루니
옥과 금에 비할 듯.

說我前嘲聊自解[3]
설 아 전 조 료 자 해

내 전에 비웃은 것 말하며
애오라지 스스로 해명하니,

1 | 조경양(趙景陽) : 용문당(龍門堂) 조욱(趙昱 : 1498~1557)의 자. 조욱에 대해 상세한 것은《별집》〈320〉의 주 2)를 보라.
54세 1월 19일에 지어준 것이다.(정석태《연표·2》229쪽)

2 | 득조시성(得助詩成) :《남사·강엄전(南史·江淹傳)》「밤에 꿈을 꾸었는데 한 사람이 나타나 스스로를 장경양이라 하더니 말하였다.『전에 비단 한 필을 맡겨 놓았는데 지금 돌려받을 수 있겠소?』강엄이 품속을 더듬어 몇 자를 그에게 주었더니 그는 크게 성을 내며 말하는 것이었다.『어째서 모조리 자르고 절단해 놓았는가?』그러더니 구지를 돌아보며 말했다.『이 남은 여러 자는 이미 소용이 없으니 그대에게 주겠다.』이로부터 강엄의 문장은 쇠퇴해졌다.」(夜夢一人自稱張景陽, 謂曰, 前以一匹錦相寄, 今可見還. 淹探懷中得數尺與之, 此人大恚曰, 那得割截都盡, 顧見丘遲謂曰, 餘此數尺旣無所用, 以遺君, 自爾淹文章躓矣) 경양은 남조 진(晉)나라 장협(張協)의 자이다. 조욱의 자가 장협의 자와 같으므로 이 고사를 끌어다 쓴 것이다.

3 | 전조(前嘲) :《고증》「아마도 앞의 이별의 시를 올린 것을 가리키는 것 같다.」(似指上贈別詩)

峩洋眞覺豁幽襟[4]
아 양 진 각 활 유 금

아아양양 정말로
그윽한 마음 넓음 깨닫겠네.

君一本作公. 淸一本作佳. 助一本作照. 說一本作復

「君」은 어떤 판본에는 「公」으로 되어 있다. 「淸」은 어떤 판본에는 「佳」로 되어 있다. 「助」는 어떤 판본에는 「照」로 되어 있다. 「說」은 어떤 판본에는 「復」으로 되어 있다

4 | 아양(峨洋) : 《열자·탕문(列子·湯問)》 「백아가 금을 타면서 높은 산을 생각하자 종자기는 말하기를 『좋다, 높고도 높아서 태산과 같구나』라고 하였고, 뜻이 흐르는 물에 있자 『넓고도 넓어서 양자강이나 황하나 같구나』라고 하였다.」(伯牙鼓琴, 志在高山, 鍾子期曰, 善哉! 峨峨兮若泰山, 志在流水, 洋洋兮若江河)

61

貪榮浪慕陶元亮[5]
탐 영 랑 모 도 원 량

내 영예 탐내면서 함부로
도연명 흠모하였으니,

何異將梔假作金[6]
하 이 장 치 가 작 금

어찌 다르리오, 치자 가지고
금 빌린 것과.

病臥城中多歲月
병 와 성 중 다 세 월

성 안에서 병져 누워
세월 오래 되었는데,

詩來令我媿生襟
시 래 령 아 괴 생 금

시 이르니 나로 하여금
부끄러움 가슴에서 생겨나게 하네.

令我一本作不奈
「영아」는 어떤 판본에는 「불내」로 되어 있다

5 | 도원량(陶元亮) : 진(晉)나라의 은자 도연명의 자(字).

6 | 장치가작금(將梔假作金) : 당나라 유종원의 〈채찍 값(鞭賈)〉「시장에 채찍을 파는 자가 있었는데 사람들이 그에게 그 값을 물으면 …… 반드시 5만 전이라야 된다고 하였다. …… 내가 말하기를 『그대는 어찌하여 이것을 가지면서 5만 전을 아끼지 않았소?』 (채찍을 산 부자가) 말하였다. "나는 그 빛이 노랗고 광택이 나는 것을 좋아하였습니다. 또한 장사가 말하기를 '내가 곧 아이를 불러 불로 열을 가하여 광택을 내어 놓겠소.' 라 하였습니다." …… 노란빛은 치자였고 광택은 밀랍이었다. …… 지금의 치자로 모양을 내고 밀랍으로 말을 꾸미며 조정에서 재주를 팔기를 구하는 자가 …… 또한 실로 많다.」(市之鬻鞭者, 人問之其賈……必五萬而後可……余曰子何取於是而不愛五萬. 曰, 吾愛其黃而澤. 且賈者云, 余乃召僮爚湯以濯之……黃者, 梔也, 澤者, 蠟也……今之梔其貌, 蠟其言, 求賈技於朝者……亦良多矣)

62. 顯卿載酒送余, 至楮子島下, 次贈別韻[1]

현경이 술을 싣고 와 나를 전송하며 저자도 아래에까지 이르렀다. 그의 이별시와 같은 각운자를 써서 지어주다

東湖舊遊處
동 호 구 유 처

동호는 옛 놀던 곳,

春水一帆天
춘 수 일 범 천

봄 물 위로 하늘에 한 폭 돛 펼쳤다네.

夢裏常悠爾
몽 리 상 유 이

꿈속에서 늘 그립기만 하였는데,

罇前已杳然
준 전 이 묘 연

술잔 앞에서 이미 아득해졌다네.

1 | 현경(顯卿) : 동원(東園) 김귀영(金貴榮 : 1520~1593)의 자. 김귀영에 대해서 상세한 것은《내집》권2 〈128〉—1)을 보라.
저자도(楮子島) : 서울 성동구 금호동과 옥수동 사이의 섬. 지금은 없어졌다. 55세 2월에 지었다.(정석태 《연표·2》 299쪽)

酒傳霞閬苑[2] 주 전 하 랑 원	술 전하니 낭원의 구하주요,
詩出玉藍田[3] 시 출 옥 람 전	시 내는데 남전의 옥이라네.
去住情無限[4] 거 주 정 무 한	떠나거나 머물거나 정 끝이 없는데,
分舟楮子邊 분 주 저 자 변	저자도 가에서 배 헤어졌다네.

2 | 하낭원(霞閬苑) : 곤륜산에 낭풍원(閬風苑)으로 전설상의 신선이 산다는 곳. 상세한 것은《내집》권1 〈88〉—12)를 보라. 하(霞)는 신선들이 마신다는 구하주(九霞酒)를 말한다. 당나라 허작(許碏)의 〈취하여 읊조리다(醉吟)〉「신선이 거처하는 낭원의 꽃밭 앞은 취중의 별천지인데, 잘못하여 그만 서왕모의 구하술잔을 엎질러 버렸네.」(閬苑花前是醉鄕, 誤踏王母九霞觴)

3 | 남전(藍田) : 아름다운 옥의 산지로 유명한 현 이름. 섬서성(陝西省) 위하평원(渭河平原) 남쪽 가장자리와 진령(秦嶺) 북쪽 기슭, 위하의 지류인 파하(灞河)의 상류에 있으며, 진나라 때 설치하였다. 한나라 반고(班固)의 〈서쪽 도읍(西都賦)〉「뭍과 바다의 진귀한 보물의 창고이며, 남전에서는 아름다운 옥이 납니다.」(陸海珍藏, 藍田美玉)

4 | 정무한(情無限) : 당나라 위응물(韋應物)의 〈저녁 비를 읊어 이주를 송별하다(賦得暮雨送李胄)〉「서로 송별하니 정 끝이 없는데, 옷깃 적심 흩어지는 실에 비기네.」(相送情無限, 沾襟比散絲)

63~64. 復用前韻[1]

다시 앞 시의 운자를 써서 짓다

63

雪消春動鳳城塵[2] 설 소 춘 동 봉 성 진	눈 녹으니 봄에 서울에서 먼지 일고,
窮巷欣迎長者輪[3] 궁 항 흔 영 장 자 륜	궁벽한 골목에서 기꺼이 고관의 수레 맞이한다네.
說病論詩仍細酌 설 병 론 시 잉 세 작	병폐 말하고 시 논하면서 여전히 홀짝홀짝 마시니,
明囱疏席摠天眞 명 창 소 석 총 천 진	밝은 창의 성긴 자리 온통 천진스럽다네.

1 | 이 시의 제목처럼 같은 운자를 쓴 시가 문집에 별도로 없는 것으로 보아 이 시는 앞의 시 이외에 별도의 제목과 이와 같은 각운자를 쓴 시가 따로 있었던 것인지도 모르겠다.

2 | 봉성(鳳城) : 서울의 미칭(美稱). 당나라 두보(杜甫)의 〈밤(夜)〉「처마 밑 걸어가며 지팡이 짚고 두우성 보니, 은하수 아득히 응하여 봉성에 접해 있네.」(步簷倚杖看牛斗, 銀漢遙應接鳳城) 청나라 구조오(仇兆鰲)가 인용한 조차공(趙次公)의 주석 「진목공의 딸이 퉁소를 부니 봉황이 성으로 내려와 이 때문에 단봉성이라고 불렀다. 그 후로 서울을 봉성이라고 하였다.」(秦穆公女吹簫, 鳳降其城, 因號丹鳳城. 其後言京城曰鳳城)

3 | 궁항~장자륜(窮巷~長者輪) : 《사기·승상 진평(陳平)의 전기(陳丞相世家)》「장부(張負)가 진평을 따라서 그의 집으로 가 보았더니 그의 집은 외성을 등진 후미진 골목에 있었고, 비록 다 해진 자리로 만든 문을 만들어 놓았지만 문밖에는 많은 귀인들의 수레바퀴 자국이 있었다.」(負隨平至其家, 家乃負郭窮巷, 以弊席爲門, 然門外多有長者車轍)

64

日斜牕裏見游塵
일 사 창 리 견 유 진

해 창문 안으로 비끼니
떠도는 먼지 보이고,

迭唱頻題似轉輪
질 창 빈 제 사 전 륜

번갈아 창수하여 빈번하게 지으니
바퀴 도는 듯하네.

莫笑文章爲小技[4]
막 소 문 장 위 소 기

웃지 말라 문장이
작은 재주라고,

胸中妙處狀來眞
흉 중 묘 처 상 래 진

흉중의 묘한 곳에서
모양 참되어진다네.

4 | 문장위소기(文章爲小技) : 당나라 두보의 〈화양의 유소부께 드림(貽華陽柳少府)〉「문장은 하나의 작은 재주라, 도에 있어서 높을 것이 못 되네.」(文章一小技, 於道未為尊)

65~67. 金遷遇松岡蒼頭, 寄贈, 三絶[1]

금천에서 조송강의 종을 만나 부쳐 보내드리다, 절구 세 수

65

莫道吾行不告歸
막 도 오 행 불 고 귀

내 행차에 돌아간다
　　알리지 않았다 말하지 말게나,

泮冰時節索盆期[2]
반 빙 시 절 색 분 기

얼음 풀릴 시절에 돌아간다고
　　화분 구할 때 이미 기약하지 않았는가?

如何款曲松岡老
여 하 관 곡 송 강 로

어찌하여 정 많은
　　송강의 늙은이,

不寄離情一首詩
불 기 리 정 일 수 시

이별의 정 담은 시
　　한 수 부치지 않았는지?

1 | 금천(金遷) : 충주에 있던 옛 지명. 1555년 2월 18일에 서울에서 사표를 내어 해직된 뒤에 이곳에 도착하여 며칠간 묵었다.(정석태 《연표·2》 299쪽)
송강(松岡) : 조사수(趙士秀 : 1502~1558)의 호. 조사수에 대해서는 《내집》 권2 〈41〉—1)을 보라.
창두(蒼頭) : 약간 흰 빛을 띤 푸른 모자를 쓴 종을 말한다. 《한나라의 역사·포선(鮑宣)의 전기》의 포선이 애제(哀帝)에게 올린 상소문에서 「(총신인 董賢은) 종들에게 빈객을 따라서 술을 음료로 여기고 고기를 콩잎과 같이 흔하게 여기게 하였으며 종과 시종들마저도 이렇게 치부를 하였습니다.」(使奴從賓客漿酒霍肉, 蒼頭廬兒皆用致富)라고 하였다. 맹강(孟康)의 주석 「한나라에서는 노복을 창두라고 하였는데 순흑색이 아니어서 양인과 구별하였다.」(漢名奴為蒼頭, 非純黑, 以別於良人也)

2 | 반빙(泮冰) : 반(泮)은 녹는다는 뜻이다. 《시경·패풍·박에는 쓴 잎이(邶風·匏有苦葉)》 「남자가 아내 데려오려면, 얼음 풀리기 전에 해야 하리.」(士如歸妻, 迨冰未泮)

66

回首松岡別恨新
회 수 송 강 별 한 신

송강으로 고개 돌려보니
이별의 한 새롭고,

一盆花種又無因
일 분 화 종 우 무 인

꽃 화분 하나
또한 가져오지 못하였다네.

遙知洞裏花時節
요 지 동 리 화 시 절

멀리서 알겠거니 동네에
꽃 필 시절에,

憶我同遊白鬢人
억 아 동 유 백 빈 인

나 함께 놀던 귀밑머리 센
사람 기억하겠지.

67

巖洞仙遊憶去年
암 동 선 유 억 거 년

바위 골짜기의 신선 놀음
　　생각건대 지난해였는데,

百篇行篋裏雲烟
백 편 행 협 과 운 연

여행 상자 속에 백 편의 시
　　구름과 안개 속에서 쌌겠지.

春風無限東來意
춘 풍 무 한 동 래 의

봄바람 끝없이
　　동쪽에서 오는 뜻 담아,

付與歸鴻一紙傳
부 여 귀 홍 일 지 전

돌아가는 기러기에
　　편지 한 장 전하도록 하네.

去年, 余乞菊種於松岡. 詩曰, 箇中第一銀黃品, 安得移根向故園. 松岡許以全盆相贈, 且問何以遠致. 余答云, 泮冰舟載, 何遠不致. 至今余簡松岡, 有泮冰索盆之語. 松岡不悟余行之速, 不及敍別故云

지난해에 나는 송강에게 국화 모종을 구하였다. 시에서 말하기를 「그 가운데 첫째 가는 것은 은빛의 노란 품종인데, 어찌하면 고향 언덕에다 뿌리 옮겨 심겠는가?」라 하였다. 송강은 화분 전체를 다 주겠다는 허락을 하였으며 또한 어떻게 멀리 보내겠는가 물었다. 내가 답하여 이르기를 「얼음이 녹으면 배에 실을 것이니 어찌 멀어서 보내지 못하겠는가?」라 하였다. 지금 내 송강에게 편지를 부치면서 「얼음이 녹느니 화분을 구하느니」하는 말을 하였다. 송강은 내가 빨리 떠나가는 것을 깨닫지 못하여 미처 이별의 인사도 펴지 못하였다고 말하였기 때문에 언급하였다

68. 次聾巖先生韻

농암 선생이 지은 시의 각운자를 써서 짓다

花發仙壇麗日華 화 발 선 단 려 일 화	여름꽃 신선 사시는 화단에 피니 고운 해 빛나고,
千春光景此時多 천 춘 광 경 차 시 다	천년 동안 보아온 광경 이때 더욱 두드러졌다네.
玉罇瀲灩流霞液[1] 옥 준 렴 염 류 하 액	옥 술항아리에는 찰랑찰랑 구하의 술 흘러넘치지만,
雲幔依俙薄霧紗[2] 운 만 의 희 박 무 사	구름 장막은 어렴풋하게 안개 깁 얇다네.

1 | 염렴(瀲灩) : 물결이 이는 모양. 《내집》 권2 〈50〉—1)을 보라.
하액(霞液) : 곧 신선들이 마신다는 구하주(九霞酒)를 말한다. 위 〈62〉—2)를 보라.

2 | 의희(依希) : 「依稀」 또는 「依俙」라고도 하며 어렴풋하게 보일 듯 말 듯한 모양을 가리키는 말이다.

閬苑瑤池□□□[3]
낭 원 요 지 □ □ □

낭원과 요지에서
□□□하였는데,

童顏鶴髮帶微酡[4]
동 안 학 발 대 미 타

어린 아이 같은 얼굴에 학 같은 머리
옅은 홍조 띠우셨다네.

我今欲笑桃源客[5]
아 금 욕 소 도 원 객

내 지금 도원의
나그네 웃으려니,

一返無由再到何
일 반 무 유 재 도 하

한번 돌아오지도 못하는데
다시 어디에 이르리?

3 | 낭원요지(閬苑瑤池) : 낭원(閬苑)은 곤륜산에 있는 낭풍원(閬風苑)으로, 전설에 신선이 산다는 곳. 《내집》 권1 〈88〉—12)를 보라. 요지(瑤池)는 전설상에서 주목왕(周穆王)이 서왕모(西王母)를 만났다는 곤륜산(崑崙山)에 있다는 선경(仙境). 《내집》 권2 〈2〉—10)을 보라. 당나라 나은(羅隱)의 〈내사인 주대부가 항주에서 조공을 감에 송별하다(送內使周大夫自杭州朝貢)〉 「구름 사이로 낭원 어느 때 보이리? 물 밑의 요지 닿는 곳마다 통한다네.」(雲間閬苑何時見, 水底瑤池觸處通)
궐자는 《농암집》에 부기한 원운시에 따르면 「追勝賞」(빼어난 감상 좇았다네)이다.

4 | 동안학발(童顏鶴髮) : 보통 신선의 풍모를 형언하는 말인데 축수연 등에서 상투적으로 쓰는 표현이다. 송나라 위양(韋驤)의 〈정평의 축수연에서 읊다(廷評慶壽口號)〉 「동안에 학발이니 인간세상에서 귀한 것이고, 도복에 오건 하니 지상의 신선이라네.」(童顏鶴髮人間貴, 道服烏巾地上仙)
타(酡): 취기가 올라 얼굴빛이 붉은 색을 띠는 것.

5 | 도원객(桃源客) : 도연명이 지은 〈도화원기(桃花源記)〉에 등장하는 어부를 말하는데, 나중에는 주로 은자를 가리키는 말로 쓰인다. 당나라 두보의 〈무협의 허름한 오두막에서 삼가 시어사이신 넷째 외삼촌께서 풍랑 땅으로 가심에 드리다(巫峽敝廬, 奉贈侍御四舅別之澧朗)〉 「도원의 나그네에게 말 전하니, 사람 지금 나서고 물러남 같다네.」(傳語桃源客, 人今出處同)

【원운시】

病起, 吟呈退溪 _時嘉靖乙卯四月旬日也. 是年六月, 公下世, 此乃酬唱絶筆云

병에서 일어나 읊어서 퇴계에게 드리다_ 때는 가정 을묘년(1555) 4월 10일이었다. 이해 6월에 공은 돌아가셨는데 이 시는 곧 마지막으로 창수한 것이라 한다

捲地春風落盡華	땅 말아 올리는 봄바람에 꽃 다 졌는데,
蟠桃仙護尙餘多	반도 신선 보호함 여전히 아주 많다네.
紛紛落地鋪紅錦	펄펄 땅에 떨어져 붉은 비단 깔리고,
燁燁留枝映綠紗	반짝반짝 가지에 남아 푸른 깁 비치네.
羯鼓聲催攀樹舞	갈고 북소리 나무에 오르는 춤 재촉하고,
琉璃鍾滿醉顔酡	유리잔은 취한 얼굴에 붉음을 가득하게 하겠네.
年年此會休相負	해마다 이 모임 서로 저버리지 마세나,
佇待三千一結何	3천 년에 한번 열매 맺음 우두커니 기다린들 어떠리?

月瀾躑躅之會, 爲我延退, 吾則老除. 曾有江山全付之簡, 但此則舊約, 扶病欲副

월란암의 철쭉 모임을 나 때문에 뒤로 연기하였는데 나는 늙어서 빼달라고 하였다. 일찍이 「강산을 전부 그대들에게 일임한다」는 편지를 보냈지만 이렇게 시를 지어 보내겠다고 한 것은 옛 약속이라 병든 몸을 부지하면서 약속을 지키려 한다

69. 次韻趙松岡見寄 _松岡時任天官, 累擬浣職, 殊非相識之意

조송강이 부쳐온 시의 각운자를 써서 짓다_ 송강은 지금(1555년) 이조판서로 임직하고 있으면서 누차 나에게 벼슬자리를 마련하여 주려 하였으니 특히 나를 알 만한 친구의 호의적인 뜻이 아니다

千里關河信苦遲[1] 천 리 관 하 신 고 지	관하 천리에 소식 실로 늦더니,
一封書到慰相思 일 봉 서 도 위 상 사	편지 한 통 이르러 그리워하는 사람 위로하네.
微臣去國都緣病[2] 미 신 거 국 도 연 병	보잘 것 없는 신하 도성 떠남 모두 병 때문인데,
宿契論心正賴詩 숙 계 론 심 정 뢰 시	마음 논하기로 한 묵은 약속 바로 시에 의뢰하셨다네.
致石羅中猶可怨[3] 치 석 라 중 유 가 원	석생 그물 안으로 이르게 함 오히려 원망할 만하고,

1 | 관하(關河) : 산천(山川)이라는 말과 같은 뜻으로 쓰였다.
고(苦) : 부사로 쓰이면 실로라는 뜻이 된다.

2 | 국(國) : 국도(國都), 도성(都城), 곧 서울인 한양을 말한다.

3 | 치석라중(致石羅中) : 당나라 한유(韓愈)의 〈온조(溫造) 처사가 하양의 군부(軍府)로 부임함에 전송하는 글(送溫處士赴河陽軍序)〉「대부 오공은 부월을 가지고 하양을 진무한 지 석 달 만에 석생이 재주가 있다고 생각하여 예를 그물로 삼아 그물을 쳐서 그를 막하로 이르게 하였다.」(大夫烏公, 以鈇鉞, 鎭河陽之三月, 以石生爲才, 以禮爲羅, 羅而致之幕下)

留鯤巖裏乃眞知[4]
유 곤 암 리 내 진 지

사곤 바위 사이에 둔 이유
곧 실로 알게 되었네.

祝公聽我平生臆
축 공 청 아 평 생 억

바라건대 그대 내
평소의 뜻 듣고서,

免使鶢鶋魯饗悲[5]
면 사 원 거 로 향 비

원거 노나라에서
제사 지내듯 슬프게 하지 말라.

石洪·謝鯤

석홍과 사곤이다

4 | 유곤암리(留鯤巖裏): 《진나라의 역사·고개지(顧愷之)의 전기》「또 사곤의 초상을 그려 바위 틈에다 두고서 말하기를 『이 사람은 마땅히 언덕의 골짜기 가운데 두어야 한다.』라 하였다.」(又爲謝鯤象, 在石巖裏, 云, 此子宜置丘壑中) 남조 송나라 유의경(劉義慶)의 《세상에 유행하는 새로운 이야기·솜씨(世說新語·工藝)》에도 이 이야기가 나오는데 다음과 같다. 「고개지가 사곤을 그려서 바위 틈에다 두었다. 사람이 그 까닭을 묻자 고개지가 말하였다. 『사곤이 말하기를 "언덕이나 골짜기에서 마음 먹은 대로하는 것은 제 스스로가 남보다 낫다고 생각한다."고 하였으니 이 사람은 마땅히 언덕의 골짜기 가운데 두어야 한다.』」(顧長康畵謝幼輿在巖石裏. 人問其所以? 顧曰, 謝云, 一丘一壑, 自謂過之. 此子宜置丘壑中)

5 | 원거(鶢鶋): 바다 새 이름으로 원거(爰居)라고도 하며, 봉황과 비슷하게 생겼다고 한다. 《국어·노어(魯語) 상》「원거라고 하는 해조가 노나라 동문 바깥에서 사흘간 머물렀는데 장문중이 백성들에게 제사를 지내주게 하였다.」(海鳥曰爰居, 止於魯東門之外三日, 臧文仲使國人祭之) 또한 《장자·지락(至樂)》편에도 이 이야기가 나오는데 다음과 같다. 「옛날에 바닷새가 노나라의 교외에 머물렀는데 노나라 임금이 데려다가 종묘에서 연회를 열고 구소의 음악을 연주하여 즐겁게 해주었으며 태뢰를 갖추어 권하였다. 새는 이에 눈이 아찔하고 근심스레 슬퍼하며 고기 한 점도 감히 먹지 못하고 물 한 잔도 감히 마시지 못하고 사흘 만에 죽었다.」(昔者海鳥止於魯郊, 魯侯御而觴之于廟, 奏九韶以爲樂, 具太牢以爲膳. 鳥乃眩視憂悲, 不敢食一臠, 不敢飮一杯, 三日而死)

70. 書南時甫遊香山錄後[1]

남시보의 묘향산 유록 뒤에 적다

造物雄豪辦神嶽 조 물 웅 호 판 신 악	조물주의 웅장하고 호방함 귀신 같은 멧부리 갖추어 놓았는데,
病夫孤僻隱深林 병 부 고 벽 은 심 림	병든 이 몸 외롭고 편벽되게 깊은 숲에 숨어 있네.
非君決去搜靈境 비 군 결 거 수 령 경	그대처럼 결연히 떠나 신령한 경계 찾지 않았으니,
顧我何由豁遠襟 고 아 하 유 활 원 금	다만 내 무슨 연유로 원대한 흉금 활달하게 하리.

1 | 남시보(南時甫) : 동강(東岡) 남언경(南彦經 : 1528~1594?)의 자. 남언경에 대해서는 《내집》 권2 〈116〉—1)을 보라.
향산(香山) : 《고증》 「묘향산이다.」(妙香山)

衆皺南山欣副願[2]
중 추 남 산 흔 부 원

여러 주름진 종남산 같은 산줄기들
기꺼이 바람에 부합하니,

小看東魯想□心
소 간 동 로 상 □ 심

잠깐만 우리나라 구경하여도
생각건대 마음 □하리.

編成許續金剛錄[3]
편 성 허 속 금 강 록

편집 끝낸다면 이루어지니 금강산
유록에 이을 만할 것인데,

首尾尤須用意深
수 미 우 수 용 의 심

처음과 끝 더욱 모름지기
뜻 씀 깊어야 하리.

時甫曾與洪應吉[4], 同遊金剛山, 洪有遊錄. 今見時甫此錄, 但首尾未具耳

남시보는 일찍이 홍응길과 함께 금강산을 유람한 적이 있는데 홍응길은 유록을 남겼다. 지금(1558년) 남시보의 이 유록을 보니 다만 수미가 아직 갖추어지지 않았을 따름이다

2 | 중추(衆皺) : 산맥의 겹겹으로 합쳐진 곳이 마치 의상(衣裳)의 주름처럼 보이는 것을 형용하는 말이다.
흔부원(欣副願) : 당나라 한유(韓愈)의 〈종남산을 읊음(南山詩)〉「어제 와서 맑게 갠 날씨를 만나니, 오랜 평소의 바람에 흔연히 부합되네.」(昨來逢清霽, 宿願欣始副)

3 | 금강록(金剛錄) : 원주에 의하면 홍응길의 금강산유록을 말한다.

4 | 홍응길(洪應吉) : 치재(恥齋) 홍인우(洪仁祐 : 1515~1554)의 자. 홍인우에 대해서는 《내집》 권5 〈72〉—1)을 보라.

71. 次韻

같은 각운자를 써서 짓다

蠆毒干天紀 채 독 간 천 기	전갈의 독 하늘의 기강 범하여,
湖南痛震如[1] 호 남 통 진 여	호남에서 애통해함 우레 치듯.
挫鋒雖暫息 좌 봉 수 잠 식	예봉 꺾어 비록 잠시 잦아들었으나,
衽革豈寧居[2] 임 혁 기 녕 거	갑옷 깖 어찌 편안하게 거처하리오?

1 | 이상 두 구절은 을묘(1555년)왜변을 말하는 것 같다.

2 | 임혁(衽革) : 임혁침과(衽革枕戈)의 준말. 갑옷을 자리 삼아 깔고 무기를 베개 삼아 베는 것. 전쟁이 빈번하여 생활이 안정치 못한 것을 형용하는 말이다.

廟筭應神妙[3] 묘 산 응 신 묘	조정의 계책 응당 신묘해야 할진대,
書生本闊疎 서 생 본 활 소	서생 본래 우활하고 성글다네.
但令長晏謐 단 령 장 안 밀	다만 길이 편안하고 고요하기만 하다면,
巖下讀殘書 암 하 독 잔 서	바위 아래서 다 읽지 못한 책 읽겠네.

3 | **묘산(廟筭)** : 묘산(廟算)이라고도 하며 조정이나 제왕이 전사(戰事)에 대해 진행하는 계책을 말한다.

72~73. 溪上與金愼仲惇敍·金士純·琴壎之·禹景善, 同讀啓蒙, 二絶示意, 兼示安道孫兒[1]

계상에서 김신중과 김돈서, 김사순, 금훈지, 우경선과 함께 《역학계몽》을 읽고 절구 두 수로 뜻을 보이고 아울러 손자인 안도에게도 보이다

1 | 이 시는 권오봉 교수의 《대전》에 의하면 1555년에 지은 것으로 정리되어 있다. 그러나 《연보》 을축년 8월 조를 보면 「제생들과 《역학계몽》을 강의하였다.」라 하였고, 역시 을축년(1565)에 안도에게 보낸 편지에서도 「정사성(鄭士誠)이 이곳을 찾아주어 그 편에 편지를 받고 모든 것을 다 알았다. 그 중에 특히 김성일·우성전이 지금 《계몽》을 읽으려 한다는데 네가 벌써 《주역》을 읽고 있지만 《계몽》 또한 읽지 않을 수 없으니 이때를 놓쳐서는 안 될 것이다.」라 하였으니, 바로 이 시의 제목과 내용이 완전히 일치하고 있다. 이로 말미암아 이 시 또한 이때 지어졌음을 명확히 알 수 있다. 이 시는 퇴계가 손수 필사하여 전한 자선시집 《퇴계잡영》에도 수록되어 있다.

김신중(金愼仲) : 읍청정(挹淸亭) 김부의(金富儀 : 1525~1582)를 말함. 김부의에 대해서는 《내집》 권2 〈60〉—1)을 보라.

김돈서(金惇敍) : 설월당(雪月堂) 김부륜(金富倫 : 1531~1598)의 자이다. 김부륜에 대해서는 《내집》 권2 〈44〉—1)을 보라.

김사순(金士純) : 학봉(鶴峯) 김성일(金誠一 : 1538~1593)의 자. 김성일에 대해서는 《내집》 권3 〈185〉—1)을 보라.

금훈지(琴壎之) : 면진재(勉進齋 : 1540~1616) 금응훈(琴應壎)의 자. 금응훈에 대해서는 《내집》 권2 〈202〉—1)을 보라.

우경선(禹景善) : 추연(秋淵) 우성전(禹性傳; 1542~1593)의 자. 우경선에 대해서는 《내집》 권4 〈56〉—1)을 보라.

계몽(啓蒙) : 곧 주자의 《역학계몽(易學啓蒙)》을 말한다. 《역학계몽》은 모두 3권으로 상수(象數)로 《주역》을 해설하였는데 강절(康節) 소옹(邵雍)이 지은 《선천도(先天圖)》의 뜻을 많이 끌어다 썼다. 역시 주자의 《주역본의(周易本義)》 12권과는 체와 용[體用]의 관계에 있으며 송대 이후의 《역》학자들에게 많은 영향을 끼쳤다.

안도(安道 : 1541~1584) : 퇴계의 장손으로 퇴계의 아들인 이준(李寯)의 아들. 《내집》 권2 〈202〉—1)에 보인다.

72

邵闢乾坤傳我朱[2]
소 벽 건 곤 전 아 주

소강절 선생 건곤 열어
우리 주자님께 전하시니,

易中心髓洞玆書[3]
역 중 심 수 동 자 서

《주역》 속의 깊은 정수
이 책에서 통찰하셨네.

幾加硏索兼咨訪
기 가 연 색 겸 자 방

몇 번이나 거듭 연마하고 찾고
아울러 물으러 찾아다녔던가?

到老猶嫌術業疎
도 로 유 혐 술 업 소

늙어서도 오히려 혐오스럽네,
학술 아직도 엉성함이.

2 | 소벽건곤전아주(邵闢乾坤傳我朱) : 「소」는 북송의 도학자인 강절(康節) 소옹(邵雍 : 1011~1077)을 말한다. 자는 요부(堯夫)이다. 소옹은 공성(共城) 사람으로 안락선생(安樂先生)이라 불리었고 《주역》에 뛰어났다. 도교의 〈태극도〉와 유가의 《주역》이 결합하여 정·주이학의 우주생성이론으로 변화·발전하게 된 것은 《내집》 권2 〈50〉—6)을 참고하기 바란다. 「건곤」은 주역의 이치를 풀이하는데 쓰는 괘의 이름인데 《주역》을 대표하여 말한다. 이 구절은 곧 소옹이 주역의 새로운 경지를 열어서 이를 주자에게까지 전수해주었다는 것을 말한다.

3 | 심수(心髓) : 마음 깊숙한 곳을 말한다.

73

無倫無外縱難言[4] 무 륜 무 외 종 난 언	짝할 것 없다느니 바깥이 없다는 것은 함부로 말하기 어렵지만,
尙愜幽居翫化原[5] 상 협 유 거 완 화 원	그래도 흡족하네, 그윽이 거처하며 변화의 근원 즐기는 것이.
此日況同諸子讀 차 일 황 동 제 자 독	오늘은 하물며 여러 제자들과 읽으며,
環中心法妙尋論[6] 환 중 심 법 묘 심 론	고리 속의 마음 쓰는 법 오묘한 곳 찾아서 토론하네.

4 | 무륜무외(無倫無外) : 「무륜」은 필적할 만한 것이 없다는 뜻이다. 「륜」은 짝이라는 뜻으로 「필」(匹)과 같다.
《장자·칙양(則陽)》 「(容成氏가 말하였다.) 날[하루]을 없애버리면 해[일년]이란 있을 수 없고, 안이란 것이 없으면 바깥이란 것도 없다.」(除日無歲, 無內無外)

5 | 화원(化原) : 여기서 「화」는 조화의 뜻으로도 볼 수 있겠으나, 이 시가 《주역》의 변화에 대하여 제자들과 담론하는 내용을 담고 있으므로 변화로 풀어 보았다. 실제로 《주역》의 「역」이라는 글자는 통상적으로 「쉽다」(易), 「변하다」(變), 「불변하다」(不變)의 세 가지 의미로 해석을 하고 있다.

6 | 환중(環中) : 고리의 한가운데를 말한다. 《장자·제물론(齊物論)》 「저와 이를 맞설 수 없게 한 것을 일러 『도의 지도리』라고 한다. 지도리를 비로소 그 고리 가운데 있을 수 있게 함으로써 끝없는 데(변화)에 대응하는 것이다. 옳은 것도 끝이 없고 옳지 않은 것도 끝이 없다.」(彼是莫得其偶, 謂之道樞. 樞始得其環中, 以應无窮. 是亦一无窮, 非亦一无窮也) 이는 지도리의 가운데는 비어 있어서 그 가운데 옳고 그름을 처하게 하면 곧 변화가 무궁하여 옳고 그른 것이 없어지게 된다는 뜻이다.

74~77. 觀聽洞瀑流[1]

관청동 폭포

74

高崖巨壁鑿何年[2] 고 애 거 벽 착 하 년	높은 벼랑 큰 벽 어느 해에 뚫었는가?
怒瀉千尋白練縣 노 사 천 심 백 련 현	노하여 천 길이나 쏟아내고 흰 깁 걸려 있다네.
響振巖林山鬼遁 향 진 암 림 산 귀 둔	소리 바위 숲 흔들어대니 산 귀신도 숨고,
一區雲物屬靈仙 일 구 운 물 속 령 선	한 구역의 구름 신령한 신선 것이라네.

1 | 《고증》「봉화현에서 남쪽으로 30리 거리에 있다.」(在奉化縣南三十里) 57세 4월 9일에 태자산(太子山) 대방동(大方洞 : 지금의 안동시 도산면 가송리)을 찾아가서 그곳에 있는 이 폭포를 보고 지은 것이다.(정석태 《연표· 2》 437쪽)

2 | 고애거벽(高崖巨壁) : 당나라 한유(韓愈)의 〈노낭중 운부가 반곡자를 전송한 시 2장을 부쳐서 보여주어 노래하여 화답한다(盧郎中雲夫, 寄示送盤谷子詩二章, 歌以和之)〉「옛날 이원을 찾아 반곡으로 향하였는데, 바로 높은 벼랑 거대한 벽 다투어 열린 것 보았다네.」(昔尋李愿向盤谷, 正見高崖巨壁爭開張)

75

崩雲瀉雪鬪轟霆 붕 운 사 설 투 굉 정	구름 무너지고 눈 쏟아내어 울리는 천둥과 다투네.
下作泓澄一鑑明 하 작 홍 징 일 감 명	아래로 맑은 웅덩이 이루어 밝은 거울 하나 이루었네.
後谷奇觀定何似 후 곡 기 관 정 하 사	뒷 골짜기 기이한 경치 정녕 무엇과 비슷한가?
高尋他日較雄爭 고 심 타 일 교 웅 쟁	높은 곳 찾아 훗날 씩씩함 다툼 견주어보리.

76

翠壁高寒玉一圍 취 벽 고 한 옥 일 위	푸른 벽 차갑게 솟았고 옥으로 한 바퀴 둘렀네.
白龍飛下挾雷威[3] 백 룡 비 하 협 뢰 위	흰 용 날아 내려와 우레 위엄 있게 끼었다네.
不知萬古鑪峯下 부 지 만 고 로 봉 하	모르겠네, 아득한 세월 뒤에 노봉의 아래에서,
誰似靑蓮巨筆揮[4] 수 사 청 련 거 필 휘	누가 청련거사처럼 큰 붓 휘두를 줄.

3 | 백룡비하(白龍飛下) : 주자의 〈폭포를 구경하다라는 시의 각운자를 써서 짓다(次觀瀑布韻)〉「푸른 벼랑에서 한 줄기 샘 시원하게 쏟아내리고, 흰 용 울창하고 푸른 하늘에서 날아 내려오네.」(快瀉蒼崖一道泉, 白龍飛下鬱藍天)

4 | 청련(靑蓮) : 당나라 이백의 호가 청련거사(靑蓮居士)이다. 이백은 여산에서 〈여산의 폭포를 바라보다(望廬山瀑布)〉 같은 시를 지었다.

77

珍重山靈喜我來
진 중 산 령 희 아 래

진중하구나, 산신령
　나 옴 기뻐하는데,

更憐多病忌寒醅
경 련 다 병 기 한 배

병 많아 차가운 술
　꺼림 더욱 불쌍하네.

不緣坼石爲窪臼
불 연 탁 석 위 와 구

바위 갈라져 우묵한
　웅덩이 이루지 못하였더라면,

今日何□擧 一杯

오늘 어찌 □
　한잔 술 들 수 있었으리?

曰千尋, 曰鑪峯, 未免有誇張過實之病, 無異於士敬作[5], 夢中寱語[6], 可笑. 淸凉後谷有瀑沛, 甚壯急, 勝此而未及往觀, 故有高尋他日之語. 余病不飮冷酒, 是日僮奴借煖器於山民家, 以疫忌不得而返, 余且令隨僧與奴輩, 喫酒而已. 俄聞有坼裂聲甚異, 而僮奴擎煖酒來呈, 問之, 云, 謾擬燒石煖酒, 石旣熱以水投之, 不意石面坼迸作窪, 其中可注水容湯器, 所以能煖酒來. 余就視之曰, 是可以當元結所謂, 石臼抔飮者歟[7]. 令謹置之, 以待後日之來

「천심」이니 「노봉」이니 하는 것은 과장하고 사실을 넘는 병통이 있음을 면하지 못하여 사경이 지은 것과 다름이 없어 꿈속의 잠꼬대이니 가소롭다. 청량산의 뒷골짝에 폭포가 있는데 매우 웅장하고 급하여 이것보다 나은데 미처 가서 구경해 보지 못하였으므로 「훗날 높이 찾아본다」는 말을 하였다. 나는 병으로 찬 술을 마시지 못하는데 이날 아이종이 산의 민가에서 따뜻하게 데우는 그릇을 빌렸는

5 | 사경(士敬) : 사경은 월천(月川) 조목(趙穆 : 1524~1606)의 자. 조목에 대해서는 《내집》 권2 〈6〉—1)을 보라.

6 | 예(寱) : 《고증》 「『寱』는 마땅히 『宀』을 따라야 한다. 음은 『예』이며, 잠꼬대이다. 원결(元結)의 《원차산집(元次山集)》 권8에, 원결의 잠꼬대론이 있는데, 『간관이 말을 하지 않는 것을 나무란 것이다.』라고 하였다.」(案, 寱, 當從宀, 音豫, 寐語也. 莊, 元結有寱論, 譏諫官不言)

데 역병으로 꺼려하여 어쩔 수 없이 돌아와 내 또한 중과 종들에게만 술을 마시게 할 따름이었다. 조금 있다가 터지고 갈라지는 소리가 들려 매우 기이해 했는데 아이종이 따뜻한 술을 받쳐 들고 와서 바치어 물어보았다. 말하기를 「멋대로 돌을 데워 술을 따뜻하게 하면 되겠다 싶었는데 돌이 뜨거워져서 물을 뿌렸더니 뜻밖에도 돌의 표면에 터지면서 웅덩이가 생겨 그 안에 물을 부어서 끓이는 그릇을 넣을 수 있었기 때문에 술을 데울 수 있었습니다.」 한다. 내가 가서 그것을 보고 말하기를 「이는 원결이 말한 돌확에서 움켜 마시는 것에 당할 수 있을 것인가?」라 하였다. 삼가 놔두게 하고 훗날 올 것을 기다린다

7 | 원결석구부음(元結石臼抔飮) : 당나라 원결(元結 : 723~772)의 〈부준명(抔樽銘)〉「낭사원의 정자 서유에 돌무더기가 있는데 돌은 번수를 굽어보고 있다. …… 돌 가운데는 우묵하게 엎어진 것이 있어서 이에 갈아서 술을 넣어두었는데 낭사원이 애용하였으며 이름을 부준이라고 하였다. 이에 낭사원에게 〈부준명〉을 지어준다. 명에서는 말하였다. 『……누가 움켜쥐고 마시는가? 함께 순박함을 지키도다.』」(郎亭西乳有纍石, 石臨樊水……石有窊顚者, 因修之以藏酒, 士源愛之, 命為抔樽. 乃為士源作抔樽銘. 銘曰……誰能抔飮, 共守淳樸) 송나라 소식의 〈무창의 서산(武昌西山)〉「낭옹(원결을 말함) 취한 곳 지금도 그대로 있는데, 술 떠마시던 돌확에 술통 없다네.」(浪翁醉處今尚在, 石臼抔飮無樽罍)

78. 古里店下, 得泉石佳處, 名曰靑溪[1], 戲題

고리점 아래에서 천석이 아름다운 곳을 얻었는데 청계라 명명하였으며 장난삼아 짓다

巨壁入靑天[2]
거 벽 입 청 천

거대한 절벽 푸른 하늘로 들어가고,

寒流走翠石
한 류 주 취 석

차가운 물결은 푸른 바위 사이로 달리네.

綠蘿擁成帷
녹 라 옹 성 유

푸른 여라 껴안으니 휘장 이루고,

蒼苔踏無迹
창 태 답 무 적

파란 이끼 밟으니 흔적 없다네.

1 | 청계(靑溪) : 《고증》 「(청량산 서남쪽 낙동강 변에 있는) 고산정 상류 몇 리쯤 되는 곳에 있는데, 선생께서 일찍이 대를 쌓고 청계라 이름 하였다.」(在孤山亭上游數里許, 先生嘗築臺, 名以靑溪) 앞 74~77. 〈관청동 폭포〉를 지은 뒤에 지었다.(정석태 《연표·2》 437쪽)

2 | 입청천(入靑天) : 당나라 이백의 〈옛 시체를 본떠서 짓다(擬古)〉 제2수 「높은 누대 하늘까지 들고, 아래로는 백옥당 있다네.」(高樓入靑天, 下有白玉堂)

藍衣一道士
남 의 일 도 사

쪽빛 옷 입은 도사 한 사람,

偶來便終夕
우 래 편 종 석

어쩌다 와서 곧 저녁 마칠 때까지
있게 되었네.

笑寫靑溪詩
소 사 청 계 시

웃으며 청계 읊은 시 쓰고,

還騎鶴一隻[3]
환 기 학 일 척

돌아갈 때는 학 한 마리 타려고 한다네.

3 | 학일척(鶴一隻) : 당나라 고변(高騈)의 〈하늘을 걸음(步虛詞)〉 「청계의 도사 사람들 알지 못하는데, 하늘에 오르고 하늘에서 내려올 때 학 한 마리 탄다네.」(靑溪道士人不識, 上天下天鶴一隻)

79~83. 琴聞遠東溪惺惺齋[1]

금문원의 동계 성성재

79

精一心傳敬是要 정 일 심 전 경 시 요	정일하게 마음으로 전함 공경심이 가장 중요하니,
儘惺惺地自昭昭[2] 진 성 성 지 자 소 소	다 맑게 깨우치면 절로 환하디 환해지리.
但加日用工夫在 단 가 일 용 공 부 재	다만 일상생활에서 노력을 더함이 중요하니,
莫學芒芒去揠苗[3] 막 학 망 망 거 알 묘	허둥지둥 싹 뽑는 것 배우지 말게나.

1 | 금문원(琴聞遠) : 성성재(惺惺齋) 금란수(琴蘭秀 : 1530~1604)의 자. 금란수와 이 시에 대해서는 《내집》 권2 140~141. 〈금문원의 동계에 있는 성성재, 두 수(琴聞遠東溪惺惺齋, 二首)〉를 참조하여 보라. 《성재문집》 권1에는 갑인년(1554년) 2월에 성재라는 서재를 마련하였는데, 퇴계선생께서 그 현판의 글씨를 써서 보내고, 여기 보는 시들도 지어보내신 것을 보고서 감격하여 짓는다는 시가 보인다.(바로 내집 권2에 보이는 시에 차운한 것이다)

2 | 성성(惺惺) : 맑게 깨우치는 모양을 말함.

3 | 망망거알묘(芒芒去揠苗) : 망망(芒芒)은 총망(匆忙)한 모양. 망(芒)은 「바쁠 망」(忙)자와 통하여 쓴다. 《맹자·공손추(公孫丑) 상》 「송나라 사람 중에 벼싹이 자라지 못함을 안타깝게 여겨 뽑아놓은 자가 있었는데 허둥지둥 돌아와서 집안사람들에게 말하기를 『오늘 나는 매우 피곤하다. 내가 벼싹이 자라도록 도왔다.』라 하였다. ……조장하는 자는 벼싹을 뽑아놓는 자이니, 이는 비단 유익함이 없을 뿐만 아니라, 도리어 해치는 것이다.」(宋人有閔其苗之不長而揠之者, 芒芒然歸, 謂其人曰, 今日病矣, 予助苗長矣……助之長者, 揠苗者也, 非徒無益, 而又害之) 주자는 망망(芒芒)을 「무지한 모양」(無知之貌)라고 하였다.

80

活水源源止更淸[4]
활 수 원 원 지 갱 청

솟는 물 끊임없어
고이면 더욱 맑아지니,

端如明鏡寫羣形[5]
단 여 명 경 사 군 형

과연 밝은 거울이
뭇 형체 베껴내는 것 같네.

可憐妙應能如許
가 련 묘 응 능 여 허

어여쁘도다 묘하게 응함
이와 같을 수 있다니,

物去依然湛一呈
물 거 의 연 담 일 정

비치던 사물 없어져도 의연히
맑음 그대로 드러내네.

活源臺
활원대

4 | 원원(源源) : 계속 이어져 끊이지 않는 모양. 《맹자·만장(萬章) 상》「항상 그를 만나보고자 하였으므로 끊임없이 오게 하셨다.」(欲常常而見之, 故源源而來) 주자의 주석 「원원은 물이 서로 이어지는 것과 같다.」(源源, 若水之相繼也)

5 | 《성재문집》(한국고전종합DB)에는 이 시의 「寫」자가 「瀉」자로, 「應」자가 「用」자로 되어 있다.

81

上臺眞覺洗心腸
상 대 진 각 세 심 장

누대에 오르니 정말로
마음 씻김 느껴지는데,

對此虛明一鏡光
대 차 허 명 일 경 광

이 텅 빈 밝음 한 거울에
빛남 마주하네.

若使襟靈干物累
약 사 금 령 간 물 루

만약 이 마음
사물의 누 범한다면,

天雲那得似方塘[6]
천 운 나 득 사 방 당

하늘과 구름 어떻게
모난 연못 얻겠는가?

臨鏡臺
임경대

6 | 천운~방당(天雲~方塘): 주자의 〈책을 보다가 느낀 바가 있어서(觀書有感)〉「반 이랑의 모난 못 거울 하나 열고, 하늘빛과 그림자는 함께 배회하네.」(半畝方塘一鑑開, 天光雲影共徘徊)

82

灼爍中臺照一春
작 삭 중 대 조 일 춘

반짝반짝 대 한가운데
한 봄 비추니,

淺深紅白總宜人[7]
천 심 홍 백 총 의 인

얕고 깊음 붉고 흼
모두 사람에 알맞다네.

莫言開落渾閒事[8]
막 언 개 락 혼 한 사

피고 짐 온통
한가한 일이라 말하지 말라.

造化乾坤色色新
조 화 건 곤 색 색 신

건곤의 조화
색마다 새롭다네.

總春臺
총춘대

7 | 천심홍백(淺深紅白) : 송나라 구양수(歐陽脩)의 〈사판관이 깊은 골짜기에 꽃을 심다(謝判官幽谷種花)〉「얕고 깊음 붉고 흼 서로 간에 알맞고, 앞뒤로 여전히 모름지기 차례로 심어야 하리.」(淺深紅白宜相間, 先後仍須次第栽)

8 | 개락(開落) : 꽃이 피고 지는 것을 말한다.

83

濯淸來上喜追隨
탁 청 래 상 희 추 수

맑은 물에서 씻고 오며
기쁘게 따르고,

吹面光風泛裌衣
취 면 광 풍 범 겹 의

얼굴에 온화한 바람 불어오니
속옷 뒤집힌다네.

底是鳳凰千仞象[9]
저 시 봉 황 천 인 상

이것 봉황
천 길 나는 상인데,

長吟終日共忘歸
장 음 종 일 공 망 귀

하루 종일 길게 읊조리느라
함께 돌아감 잊는다네.

風乎臺
풍호대

9 | 봉황천인(鳳凰千仞) : 한나라 가의(賈誼)의 〈굴원을 애도하다(弔屈原賦)〉「봉황 천 길 위 빙빙 낢이여, 덕 빛남 보고 내려앉는다네.」(鳳皇翔于千仞之上兮, 覽德輝而下之)

84~85. 題金禔畫牛帖[1] 丙辰

김시의 소를 그린 화첩에 적다 병진년(1556)

84

野外放閒牧
야 외 방 한 목

들밖에 풀어놓아 한가로이 치는데,

擧蹏自摩痒
거 제 자 마 양

발굽 들어 스스로 아픈 곳 문지르네.

千載陶公意[2]
천 재 도 공 의

천년 동안 도주공의 뜻,

1 | 김시(金禔 : 1524~1593?)의 자는 계수(季綏)이며, 본관은 연안(延安)으로 호는 양송당(養松堂)·양송헌(養松軒), 양송거사(養松居士), 취면(醉眠)이다. 아버지 김안로(金安老)가 정유삼흉(丁酉三凶)으로 몰려 사사되자 과거와 벼슬길이 막혀 독서와 서화로 일생을 보냈다. 잠시 사포서(司圃署) 별제(別提)와 사포를 지냈다. 1590년에 광국원종공신(光國原從功臣)에 녹훈된 점으로 미루어 당시 명성이 높던 선비 화가로서 궁중의 그림 그리는 일에도 참여한 듯하다. 《퇴계집》에 소 그림에 대한 찬문이 실려 있고, 〈목우도(牧牛圖)〉와 〈황우도(黃牛圖)〉·〈하산모우도(夏山暮雨圖)〉〈우배도하도(牛背渡河圖)〉 등 소를 그린 그림이 많다. 당시 최립(崔笠)의 시문, 한호(韓濩)의 글씨와 더불어 당대의 삼절(三絶)로 일컬어졌으며, 숙종 때의 문인화가 윤두서(尹斗緖)는 김시를 안견(安堅)에 버금가는 화가로 평가하기도 하였다.

2 | 도공(陶公) : 곧 도주공(陶朱公)으로, 범려(范蠡)를 말한다. 《사기·화식열전(貨殖列傳)》 「범려는 회계의 치욕을 씻고 나자 이에 편주에 올라 강호를 떠다니며 이름과 성을 바꾸고 제나라에 가서는 치이자피가 되었고 도읍에 가서는 주공이 되었다.」(范蠡既雪會稽之恥……乃乘扁舟浮於江湖, 變名易姓, 適齊爲鴟夷子皮, 之陶爲朱公)

令人感歎長[3]
령 인 감 탄 장

사람들 길게 감탄하게 하네.

85
桃林春草長[4]
도 림 춘 초 장

도림의 봄풀 길게 자랐는데,

飽食臥呞時[5]
포 식 와 시 시

실컷 먹고 누워 되새김질한다네.

3 | 영인감탄장(令人感歎長) : 《공총자(孔叢子)》 권중(中) 「의돈은 노나라의 궁벽한 선비이다. 경작을 하면서도 늘 굶주렸고 누에를 치면서도 늘 추위에 떨었다. 도주공이 부자라는 말을 듣고 가서 그 방법을 물어보았다. 주공이 그에게 일러 말하였다. 『그대가 속히 부자가 되려면 암소 다섯 마리를 먹여야 할 것이오.』 이에 곧 서하로 가서 의지의 남쪽에서 소와 양을 크게 쳤는데 10년 사이에 불린 것이 헤아릴 수가 없었고 재물이 왕공에 비겼으며 천하에 이름을 떨쳤다. 의지에서 부를 일으켰으므로 의돈이라고 한다.」(猗頓魯之窮士也. 耕則常饑, 桑則常寒. 聞陶朱公富, 往而問術焉. 朱公告之曰, 子欲速富, 當畜五牸. 於是乃適西河, 大畜牛羊於猗氏之南, 十年之間, 其滋息不可計, 貲擬王公, 馳名天下. 以興富於猗氏故曰猗頓)

4 | 도림(桃林) : 옛 지명. 지금의 하남(河南) 영보(靈寶) 서쪽과 섬서(陝西) 동관(潼關) 동쪽 지역이다. 주무왕(周武王)이 소를 풀어놓은 곳이다. 《서경·주서·무성(武成)》 「4월 초사흘에 왕이 상나라로부터 오시어 풍에 이르러 무를 쉬고 문을 닦으시어 군마를 화산의 남쪽에 돌려보내고 소를 도림의 들에 풀어놓아 천하에 (武力)을) 쓰지 않을 것임을 보였다.」(厥四月哉生明, 王來自商, 至于豐, 乃偃武修文, 歸馬于華山之陽, 放牛于桃林之野, 示天下弗服)

從今眠不動
종 금 면 부 동

이제부터 잠들어 꼼짝 말고,

無夢逐戎衣[6]
무 몽 축 융 의

갑옷 쫓는 꿈 꾸지 말라.

5 | 시(呞) : 《고증》「《이아》(〈釋獸〉)에 『소의 되새김질을 치(齝)라고 한다.』 먹은 지 오래되어 다시 씹는 것을 되새김질이라고 하는데, 시(呞)자와 뜻이 같다.」(爾雅, 牛曰齝, 食已久, 復出嚼之曰齝, 與呞同) 당나라 한유(韓愈)의 〈유사복에게 드림(贈劉師服)〉「숟가락으로 진 밥 떠서 온전하게 입안에 보내어, 입을 다물고 질근질근 씹는 것이 소가 되새김질하는 것과 같네.」(匙抄爛飯穩送之, 合口軟嚼如牛呞) 주자의 주석 「음은 치이다. 먹은 지 오래되어 엎드려 꺼내어 씹는 것이다.」(音癡. 食已久, 伏出嚼也)

6 | 융의(戎衣) : 군복(軍服), 갑옷.《중용(中庸)》 제18장 「무왕이 태왕·왕계·문왕의 기업을 이으시니 한번 융의를 입어 천하를 소유하셨다.」(武王纘大王王季文王之緖, 壹戎衣而有天下)

86. 次李宏仲韻[1]

이굉중이 지은 시의 각운자를 써서 짓다

融融生意滿溪濱
융 융 생 의 만 계 빈

물씬물신 싹 나는 뜻
시냇가에 가득한데,

柳色花光日日新[2]
유 색 화 광 일 일 신

버들 빛과 꽃 빛
날로 날로 새롭네.

若識當年沂上樂[3]
약 식 당 년 기 상 락

만약 그 해의
기수가에서의 즐거움 안다면,

胸中信有一般春[4]
흉 중 신 유 일 반 춘

흉중에 실로
봄 매 한가지라네.

1 | 이굉중(李宏仲) : 간재(艮齋) 이덕홍(李德弘 : 1541~1596)의 자. 이덕홍에 대해서는 《내집》 권3 〈125〉—1)을 보라. 이 시는 퇴계선생 56세 때 3월에 지은 것이다.(정석태 《연표·2》 337쪽)

2 | 유색화광(柳色花光) : 봄 풍경을 말한다. 송나라 양만리(楊萬里)의 〈사일에 남강을 가던 도중에(社日南康道中)〉 「사람들 버들 색 꽃 빛 안에서 가는데, 하늘은 강서와 영북 사이에 닿아 있네.」(人行柳色花光裏, 天接江西嶺北間)

3 | 기상락(沂上樂) : 기수(沂水)는 공자가 살던 곡부(曲阜) 부근을 흐르는 물 이름이다. 기수 가의 즐거움은 봄놀이를 말한다. 《내집》 권1 〈112〉—25)를 참조하라.

4 | 신(信) : 부사로 쓰였으며 성(誠), 또는 실(實)과 같은 뜻이다.

【원운시】

尋春
봄을 찾아서

徒步尋芳洛水濱	걸어서 꽃 찾아 낙수 가 가는데,
多般光景眼中新	여러 가지 광경 눈 속에서 새롭네.
自然天意難知得	자연이며 하늘의 뜻 제대로 알기 어려운데,
也覺忻忻草木春	또한 초목 봄에 기뻐함 느껴지네.

87~89. 題慶流亭[1], 三首

경류정에 적다. 세 수

87

善積由來福慶滋[2]
선 적 유 래 복 경 자

선 쌓으면 예로부터
복과 경사 붇고,

幾傳仁厚衍宗支
기 전 인 후 연 종 지

몇 대에 걸쳐 인후함 전하여
큰 집과 작은 집들 불어났는가?

勸君更勉持門戶[3]
권 군 갱 면 지 문 호

권커니 그대 가문 지키는데
더욱 힘써서,

花樹韋家歲歲追[4]
화 수 위 가 세 세 추

꽃 나무 아래의 위씨 집안
해마다 좇기를.

1 | 경류정(慶流亭) : 안동 진성 이씨 주촌파 종택에 딸린 별당. 16세기 중엽에 진성 이씨 주촌파 불천위 이정(李禎)의 현손인 이연(李演)이 세웠으며 이름은 퇴계가 지었다. 정자에는 퇴계와 허목이 쓴 편액 두 개가 걸려 있다. 경류정에 걸려 있는 시판에 의하면 이 시는 병진년(1556) 8월[中秋]에 지은 것으로 되어 있다.

2 | 선적~복경자(善積~福慶滋) : 경(慶)은 복(福)과 같은 뜻이다. 《주역·곤(坤)》「선을 쌓은 집안은 반드시 남은 경사가 있다.」(積善之家, 必有餘慶) 주석[傳]「집안에서 쌓은 것이 선이면 복과 경사가 자손에게 미친다.」(家之所積者善, 則福慶及於子孫)

3 | 지문호(持門户) : 고악부 〈농서의 노래(隴西行)〉「씩씩한 아낙 가문 지킴, 또한 한 사나이보다 낫다네.」(健婦持門户, 亦勝一丈夫)

4 | 화수위가(花樹韋家) : 당나라 잠삼(岑參)의 〈위원외 집 꽃나무 노래(韋員外家花樹歌)〉「그대 집안 형제들은 못 당하겠구나, 어사·상서랑 등 줄줄이 벼슬일세. 조정에서 돌아와서 꽃나무 아래에서 늘 손님 모아놓고 잔치 벌이는데, 꽃잎이 술잔에 떨어지니 봄 술맛이 향긋하다네.」(君家兄弟不可當, 列卿御史尚書郎. 朝回花底恒會客, 花撲玉缸春酒香)

88

山下高亭勢入冥 산 하 고 정 세 입 명	산 아래 높은 정자 형세 깊숙하게 들어가는데,
合宗筵席盡歡情[5] 합 종 연 석 진 환 정	종친들 모인 연회석상에 기쁜 마음 다하네.
更憐明月中秋夜 경 련 명 월 중 추 야	중추의 밤에 달 밝음 더욱 사랑스러운데,
虛檻方池分外淸 허 함 방 지 분 외 청	빈 헌함 반듯한 못 특히 맑다네.

5 | 진환정(盡歡情) : 진나라 육기(陸機)의 〈동서문을 따라(順東西門行)〉 「맑은 피리소리 격해지고 슬픈 쟁 타며, 즐거움 취하여 오늘 기쁜 마음 다해보세.」(激朗笛, 彈哀箏, 取樂今日盡歡情)

89

美酒高亭月正臨
미 주 고 정 월 정 림

아름다운 술 높은 정자에 차려놓고
달 마침 내려다보는데,

何須一斗百篇吟[6]
하 수 일 두 백 편 음

어찌 모름지기 술 한 말에
시 백 편 써 내야하리?

小塘灑落如寒鏡
소 당 쇄 락 여 한 경

작은 연못 깨끗하기가
차가운 거울 같아,

眞覺幽人善喩心
진 각 유 인 선 유 심

그윽한 은자 마음
잘 깨우쳐줌 실로 느껴지네.

6 | **하수~백편음(何須~百篇吟)** : 당나라 두보(杜甫)의 〈음중팔선가(飮中八仙歌)〉 「이백은 술 한 말을 마시면 시 백 편을 지었고, 장안 저자의 술집에서 잠을 잤다네.」(李白一斗詩百篇, 長安市上酒家眠) 송나라 마존(馬存)의 〈사정에서 잔치하며(燕思亭)〉 「설령 높은 정자와 좋은 술은 있다하나, 어느 누가 술 한 말에 시 백 편을 지어내랴?」(縱有高亭與美酒, 何人一斗詩百篇)

90. 白臘青紙[1], 作梅竹, 間以翦綵紅桃, 友人作詩示之, 次韻

백랍청지로 매화와 대나무를 만들고 한가로이 비단을 잘라 붉은 복숭아를 만들었다. 벗이 시를 지어 보여주어 같은 각 운자를 써서 짓는다

妙發天機竹倂梅 묘 발 천 기 죽 병 매	천기 묘하게 발하여 대나무와 매화 만들어,
端令几案辟纖埃 단 령 궤 안 벽 섬 애	단정하게 궤안 고운 먼지 물리치게 하였네.
何心更有工夫在 하 심 갱 유 공 부 재	무슨 마음 다시 있어 틈을 내어,
枉把麤桃費剪裁 왕 파 추 도 비 전 재	헛되이 거친 복숭아를 만드느라 자르고 마르는 수고 하게했던가?

1 | 백랍……(白臘云云) : 《고증》「납(臘)은 납(蠟)자의 잘못인 것 같다.」(臘, 恐蠟之誤) 이 시는 47세 되던 해 동호 독서당의 삭제(朔製 : 초하루에 제출하는 작품)로 지은 것으로 본다.(정석태 《연표·1》 572쪽)

91. 淸吟石, 次完韻[1]_丁巳

청음석에서 완(完)이 지은 시의 각운자를 써서 짓다_ 정사년(1557)

1 | 청음석(淸吟石) : 온계의 하류에 있는 펀펀한 바위. 《내집》 권1 〈102〉와 〈103〉에 청음석을 읊은 시가 보인다. 이외에도 권2(〈56〉, 〈134〉)와 〈별집〉(〈223〉, 〈226〉, 〈236〉) 등에도 같은 곳을 읊은 시가 두루 보인다. 을묘년(1555)에 권호문(權好文)이 지은 같은 각운자의 시가 있다. 시의 내용상 이때 지은 시의 운자를 써서 지은 것 같다. 권호문의 시는 다음과 같다.

七月五日, 先生乘黃墨之暇, 溯溪上釣於淸吟石. 呼好文等擧網而漁, 得一盤, 或膾或羹. 邀察訪及溫溪四五人共餉. 時夕陽滿林, 山影倒溪, 風乎詠歸, 杖屨婆娑, 眞仙會也. 恭次閑字韻近體

7월 5일에 선생께서 학술을 연구하던 겨를을 틈타 시내를 거슬러 올라 청음석에서 낚시를 하였다. 나 등을 불러 그물을 들어 고기를 잡았는데 한 쟁반을 잡아 회를 쳐 먹기도 하고 국을 끓이기도 하였다. 찰방공(퇴계선생의 다섯째 형) 및 온계 사람 너덧 명을 불러 함께 먹었다. 그때 석양이 숲에 가득하였고 산 그림자가 시내에 거꾸로 비쳐서 바람을 쐬고 시를 읊조리며 돌아오는데 발걸음이 가벼워 실로 신선의 모임이었다. 삼가 「한가할 한」자를 각운자에 넣어서 근체시를 짓는다

碩人今古淸遊地　훌륭한 사람 예로부터 맑게 노닐던 곳,
釣得纖鱗玉滿盤　비늘 가는 고기 낚으니 옥 쟁반에 가득하네.
松籟侵杯涼颯颯　소나무 피리소리 내며 잔에 드니 시원한 바람 솔솔 나고,
溪聲碎石綠潺潺　시내 소리 돌 부수며 푸르게 졸졸 흐르네.
瑤池怳是群仙會　요지 놀라서 보니 신선들의 모임이요,
沂水依然冠者閑　기수에서는 여전히 갓 쓴 성인 한가롭네.
風詠相携山日暮　바람 맞으며 읊으며 서로 이끄니 산의 해 저물고,
遙隨倦鳥各知還　멀리서 지친 새 따라 각기 돌아올 줄 안다네.

완운(完韻) : 조카인 완이 지은 시의 각운자. 완은 이퇴계 선생의 둘째 형의 맏아들로 예천 훈도를 지냈다.
정사(丁巳) : 1557년으로 퇴계선생 57세 때이다. 퇴계선생이 이 시를 지은 것은 을묘(乙卯 : 1555)년인데, 여기서는 잘못 기재한 것이다.(정석태 《연표·2》 334쪽)

溪水潔淸堪樂泌[2] 계 수 결 청 감 락 필	시냇물 깨끗하고 맑아 졸졸 흐름 즐길 만하고,
谷林環繞可名盤[3] 곡 임 환 요 가 명 반	골짜기 숲 고리처럼 둘러 고반이라 이를 만하네.
風塵幾歲思寒翠[4] 풍 진 기 세 사 한 취	풍진 세상에서 몇 해 동안 차갑고 푸름 생각하였던가?
罇酒如今對咽潺 준 주 여 금 대 열 잔	바리 술 지금 졸졸 흐르는 물 마주하고 있네.

2 | 낙필(樂泌) : 《시경·진풍·형문(陳風·衡門)》「샘물 졸졸 흐르니, 굶주림을 즐길 수 있다네.」(泌之洋洋, 可以樂飢)

3 | 가명반(可名盤) : 「반」(盤)은 나무로 된 두드려서 박자를 맞추는 악기이다. 《시경·위나라의 민요(衛風·考盤)》「악기를 두드리며 물가에 있으니, 대인의 마음 너그러움이여!」(考槃在澗, 碩人之寬) 여기서 「고」(考)자는 두드린다는 뜻을 가진 「고」(叩)자와도 통용하며, 「반」(槃)자는 반(盤)자와 통용하기도 하는데, 「고반」(考盤 또는 考盤)이라고 하면 여러 가지 뜻으로 사용되지만 보통 은자가 거처하는 곳을 이르는 말로도 쓰인다. 정상홍 옮김 《시경》 278쪽 참조.

4 | 한취(寒翠) : 《별집》 142에서 「잣나무와 대나무를 취한이라 명명하였다」(栢與竹名曰翠寒)한 말이 나오는 것으로 보아, 여기서도 대나무와 잣나무를 말하는 것 같다.

往事傷心雲共杳
왕 사 상 심 운 공 묘

지난 일 마음 아파하나
구름과 함께 아득해지고,

流光瞥眼石長閒
유 광 별 안 석 장 한

흘러간 세월 눈 깜빡할 사이인데
바위만 늘 한가하구나.

每來不禁追前韻
매 래 불 금 추 전 운

올 때마다 앞서 지은 운치 있는
시편들에 대한 추억 금할 수 없는데,

遼鶴千年不復還[5]
요 학 천 년 불 부 환

요동의 학 천년 동안
다시 돌아오지 않았다네.

5 | 요학~불부환(遼鶴~不復還) : 요학은 정령위(丁令威)의 고사를 썼다. 진나라 도잠(陶潛)이 지었다고 전해지는 《수신후기(搜神後記)》 권1에 보이며, 《내집》 권2 〈158〉—4)를 참고하기 바란다. 또한 당나라 최호(崔顥)의 〈황학루(黃鶴樓)〉에 「누런 학 한번 가더니 다시 돌아오지 않고, 이곳에는 다만 황학루만 남아 있네.」(黃鶴一去不復返, 此地空餘黃鶴樓)라는 구절이 있다.

92. 鄭直哉寄示, 權使君贈渠近體詩一首. 索和甚勤, 效顰呈, 似可發一笑[1]

정직재가 권사또가 그에게 보낸 근체시 한 수를 나에게 부쳐서 보여주었다. [그러면서 또 나에게 그 시에] 화답해주기를 졸라댐이 매우 부지런하여 내가 그 시를 흉내 내어 지어드리는데, 한 번 웃음을 자아낼 만할 것이다

五十年前竹馬同[2] 오 십 년 전 죽 마 동	50년 전에 함께 죽마 타며 놀던 이,
如今同作白頭翁[3] 여 금 동 작 백 두 옹	지금은 함께 머리 흰 늙은이 되었다네.

1 | 권사군(權使君) : 《고증》「아마 권응정(權應挺 : 1498~1564, 사우는 그의 자)인 것 같다.」(疑卽士遇) 사군(使君)이라는 말은 「사또」라는 뜻인데, 권응정이 황해감사 등을 역임했기 때문에 이렇게 부르는 것이다.

정직재(鄭直哉) : 《외집》 45. 〈계장에서 병중에 정직재가 찾아옴을 기뻐하다(溪莊病中, 喜鄭直哉來訪)〉 해제 참조 요망.

2 | 죽마(竹馬) : 죽마고우를 말한다. 남조 송나라 유의경(劉義慶)의 《세상에 유행하는 새로운 이야기·인물들을 품평함(世說新語·品藻)》「(진나라 때 서로 경쟁 관계에 있던) 은호(殷浩 : 자는 연원)의 후작의 지위가 취소되자 환온(桓溫) 공작이 다른 사람에게 말하였다. 『어렸을 때 내가 연원과 함께 죽마를 타고 놀았는데 내가 버리면 문득 가지고 놀았으므로 내 앞에서 머리가 올라가지 못하는 것이 당연하다.』」(殷侯旣廢, 桓公語諸人曰, 少時與淵源共騎竹馬, 我棄去, 已輒取之, 故當出我下)

3 | 동작백두옹(同作白頭翁) : 당나라 두보의 〈하란이섬에게 부침(寄賀蘭二銛)〉「서로 만리를 따르던 날, 모두 머리 흰 늙은이 되었구나.」(相隨萬里日, 總作白頭翁)

君爲愛酒鄭博士[4]
군 위 애 주 정 박 사

그대는 술 좋아하는
정박사요,

我是閉門馮敬通[5]
아 시 폐 문 풍 경 통

나는 문 닫아 걸은
풍경통이라네.

每歎乖逢塵冗裏
매 탄 괴 봉 진 용 리

매번 속세의 번잡함 속에서
만남 어그러짐 탄식하였고,

4 | 정박사(鄭博士) : 《고증》「당나라 정건(鄭虔)이 광문박사(廣文博士)를 지냈다.」(唐鄭虔爲廣文博士) 당나라 두보의 〈장난삼아 광문관의 박사이신 정건(鄭虔) 선생에게 편지를 쓰고 아울러 국자(國子)사업이신 소원명(蘇源明)님에게 드림(戱簡鄭廣文兼呈蘇司業)〉「(정건은) 재주 있다 이름난 지 30년이나 되었는데도, 앉은 자리 추워도 담요 한 장 없네. 소사업님에게 의뢰하여, 때때로 술 받을 돈 꾼다네.」(才名三十年, 坐客寒無氈. 賴有蘇司業, 時時與酒錢)

5 | 폐문풍경통(閉門馮敬通) : 《고증》「(後漢의) 풍경통의 이름은 연(衍)이다.」(敬通名衍) 《후한서·풍연열전》「나중에 위위 음흥 및 신양후 음취가 외척으로 현귀해졌는데 풍연을 매우 공경하고 높여 풍연은 마침내 그들과 교유를 맺었고 이로 말미암아 여러 왕들의 초청을 받았으며 오래지 않아 사례종사가 되었다. 임금이 서경의 외척과 빈객을 징치하였으므로 모두 법망에 걸렸는데 크게는 사형이 되기에 이르렀고 나머지는 폄적되어 쫓겨나기에 이르렀다. 풍연은 이 때문에 죄를 지어 일찍이 스스로 옥에 가기도 하였으나 조칙으로 사면되어 불문에 부쳤다. 서쪽으로 고향에 돌아온 후 문을 닫고 스스로 지키며 감히 다시는 친척들과 교통하지 않았다.」(後衛尉陰興、新陽侯陰就以外戚貴顯, 深敬重衍, 衍遂與之交結, 由是爲諸王所聘請, 尋爲司隸從事. 帝懲西京外戚賓客, 故皆以法繩之, 大者抵死徙, 其餘至貶黜. 衍由此得罪, 嘗自詣獄, 有詔赦不問. 西歸故郡, 閉門自保, 不敢復與親故通)

常思開抱笑談中
상 사 개 포 소 담 중

늘 웃고 이야기하던 중에
회포 열어보였음 그리워하였다네.

馳書許欲來相訪
치 서 허 욕 래 상 방

편지 보내어 찾아옴
허락하려 하니,

莫待山花亂落風[6]
막 대 산 화 란 락 풍

산의 꽃 바람에 어지러이
떨어짐 기다리지 마시게나.

6 | 산화란락풍(山花亂落風) : 송나라 구양수의 〈협주를 떠난 후 원진 표신에게 되부치다(離峽州後, 回寄元珍表臣)〉「들꽃 바람 앞에서 어지러이 떨어지고, 날리는 비 쓸쓸하게 강가에서 차갑네.」(野花零落風前亂, 飛雨蕭條江上寒)

93. 謝鄭直哉庚長見訪, 縱筆戲奉博粲云

정직재 동갑 어른이 찾아주심에 감사하여 붓을 놀려 장난삼아 지어드려 웃음거리로 제공하고자 하노라

同庚同志□□同[1] 동 경 동 지 □ □ 동	동갑의 동지 □□ 같은데,
白髮蒼顏兩老翁[2] 백 발 창 안 양 노 옹	백발에 창백한 얼굴 두 늙은이라네.
交契但當明信義 교 계 단 당 명 신 의	교분 나눌 때는 다만 마땅히 신의 밝혀야 하나니,
功名何必較窮通[3] 공 명 하 필 교 궁 통	부귀공명 어찌 반드시 궁함과 통달에 비교하여 이야기하리?

1 | 동경(同庚) : 같은 해에 태어남, 곧 동갑을 말한다. 주자의 〈원범이 헤어진 후에 시를 부쳐오고, 청수가 이를 차운한 것을 보여주는데 그 격률이 모두 높아 수없이 읊조리고, 나도 이 운으로 시를 써서 두 형에게 드려 웃음을 유발하려한다(元範別後, 寄惠佳篇, 淸叟次韻見示, 格律俱高, 詠歎不置, 因亦用韻寫呈二兄, 聊發一笑)〉 「세월 다행스레 같은 해에 태어났고, 시와 서 또한 길 같이하였다네.」(歲月幸同庚, 詩書復同道)
정직재[以淸 : 1498~1579]는 실제로는 퇴계보다 3년 연장이며, 81세까지 장수하였으나, 벼슬은 지방고을의 교수직에 머무는 정도에 그쳤고 평생동안 술을 좋아하였다고 한다. 구봉령이 지은 묘갈(《백담집》 제9권) 참조 요망.

2 | 백발창안(白髮蒼顏) : 송나라 구양수의 〈취옹정의 기문(醉翁亭記)〉 「창백한 얼굴에 백발로 그 사이에서 스르르 쓰러지는 것은 태수가 취한 것이다.」(蒼顏白髮, 頹乎其間者, 太守醉也)

3 | 궁통(窮通) : 《장자·양왕(讓王)》 「옛날의 득도한 자들은 곤궁해도 즐거워하였고 통달해도 즐거워하였으니 즐거워한 것은 곤궁함과 통달함과 관계된 것이 아니었다.」(古之得道者, 窮亦樂, 通亦樂, 所樂非窮通也)

莫辭大□杯罇裏
막 사 대 □ 배 준 리

술잔과 동이의 큰
□ 사양하지 말게나,

須識浮生夢寐中
수 식 부 생 몽 매 중

모름지기 뜬 인생
몽매 중임을 알아야 하리.

待得淸明花爛熳
대 득 청 명 화 란 만

청명시절에 꽃 흐드러지게
피는 때 기다려,

劍池松院舞春風[4]
검 지 송 원 무 춘 풍

검지의 소나무 뜰에서
봄바람에 춤 추어보세그려.

4 | 검지(劍池) : 《고증》「정직재가 숨어 공부하던 곳인 것 같다.」(恐是直哉藏修之地)

94. 廣瀨[1]

광뢰

廣瀨橋邊白石多 광 뢰 교 변 백 석 다	광뢰의 다리 곁에 흰 돌 많고,
鳴鷗來往碧波斜 명 구 래 왕 벽 파 사	우는 갈매기 왔다갔다 푸른 물결 비꼈다네.
春風日日尋遊屐 춘 풍 일 일 심 유 극	봄 바람에 날마다 놀러 다닐 때 신는 나막신 찾고,
烟雨時時理釣簑[2] 연 우 시 시 리 조 사	부슬부슬 가랑비에 때때로 낚시하는 도롱이 추스르네.

1 | 광뢰(廣瀨) : 《고증》「월란암 서쪽 자하 언덕의 동쪽에 있다.」(在月瀾庵西, 紫霞阜東) 나중에 퇴계의 《연보보유》를 엮고, 주석서인 《요존록(要存錄)》을 지은 후손 이야순(李野淳 : 1755~1831)이 호로 삼았다.
권오봉은 57세 작으로 보았다.(《대전》 597쪽)

2 | 춘풍일일·연우시시(春風日日·烟雨時時) : 당나라 제기(齊己)의 〈중춘에 감흥이 일어(中春感興)〉「봄바람 날마다 불고 비 때때로 내리어, 추위의 힘 가만히 따뜻함 따라 기세 쇠하네.」(春風日日雨時時, 寒力潛從暖勢衰)

95~96. 次韻[1]

같은 각운자를 써서 짓다

95

病夫期月臥頹然 병 부 기 월 와 퇴 연	병든 몸 한 달이나 쓰러진 듯 누워,
陡覺詞源等涸泉 두 각 사 원 등 학 천	갑자기 말의 근원 마른 샘과 같음 느낀다네.
先德揄揚吾豈敢 선 덕 유 양 오 기 감	앞 어르신 덕 선양함 내 어찌 감히 하리?
願求當世盛文傳 원 구 당 세 성 문 전	당세에 글 잘하는 사람 구하여 좋은 글 전하여지기 바란다네.

1 | 번남본에는 이군호(李君浩)라는 말을 더 붙여 놓았다. 군호는 이원(李源 : 1501~1568)의 자이다. 본관은 합천(陜川)이고, 호는 청향당(淸香堂)이다. 퇴계, 남명과 교유하면서 학문 연구에 뜻을 두고 평생을 일관하여 천거되어 곤양훈도(昆陽訓導)에 임명되었으나 끝내 부임하지 않았다. 내용으로 보아서 첫 번째 시는 그 선조의 업적을 기리는 글을 부탁하는 데 대하여 건강상의 이유를 들어 거절하고 있는 것이다.

96

宦途隱處雙輪轉
환 도 은 처 쌍 륜 전

벼슬길 나아감과 은둔하는 일
두 길로 굴렀으나,

紫陌靑山一夢醒[2]
자 맥 청 산 일 몽 성

번화한 길과 푸른 산 중에서
한 바탕의 꿈 한번 깨었다네.

聖世端居古所恥[3]
성 세 단 거 고 소 치

태평성세에 편안히 거처함 예로부터
부끄러워할 만한 일이기는 하나,

只緣多病自藏聲
지 연 다 병 자 장 성

다만 병 많아
스스로 소리 감추고 있다네.

2 | 자맥청산(紫陌靑山) : 자맥은 서울 근교의 들판에 난 길을 말한다. 당나라 이백의 〈남도행(南都行)〉「높은 누대는 서울 근교의 길 마주하고 있고, 으리으리한 저택은 청산과 이어져 있네.」(高樓對紫陌, 甲第連靑山)

3 | 성세~고소치(聖世~古所恥) : 단거(端居)는 편안하게 거처하는 것을 말한다. 당나라 맹호연(孟浩然)의 〈동정호를 바라보며 승상이신 장구령(張九齡)님께 드림(望洞庭湖贈張丞相)〉「건너고 싶으나 배와 노가 없어, 편안히 거처하고자 하니 임금님의 밝으심에 부끄럽네.」(欲濟無舟楫, 端居恥聖明)

97. 趙士敬·李仁仲·琴聞遠讀書灡寺[1]

조사경과 이인중, 금문원이 난사에서 글을 읽다

雨罷雲歸巖壑清 우 파 운 귀 암 학 청	비 그치고 구름 돌아가 바위 골짜기 맑은데,
溪邊閒臥聽溪聲[2] 계 변 한 와 청 계 성	내 시냇가에서 한가로이 누워 시내 소리 듣는다네.
遙知鼎坐灡臺客 요 지 정 좌 란 대 객	멀리서도 솥발처럼 버티고 앉아서 공부하고 있는 월란대의 선비들 알겠으니,
水色山光照眼明[3] 수 색 산 광 조 안 명	아름다운 물빛과 깨끗한 산의 경치 그대들 눈에 비치어 밝아지겠네.

1 | 조사경(趙士敬) : 위 〈77〉—5)에 보인다.
이인중(李仁仲) : 곤재(坤齋)이명홍(李命弘 : ?~1560)의 자. 이인중에 대해서는 《내집》 권2 〈60〉—1)을 보라.
금문원(琴聞遠) : 위 〈79〉—1)에 보인다.
난사(灡寺) : 월란암을 말하는 것 같다.
이 시는 58세 5월 29일에 이상 세 사람에게 쓴 편지와 동봉하여 보낸 것이다.(정석태 《연표·2》 481쪽)

2 | 계변~청계성(溪邊~聽溪聲) : 송나라 소식(蘇軾)의 〈신성으로 가는 도중에(新城途中)〉 제2수 「신세도 유유자적하네 나의 이번 걸음, 시냇가에 말고삐 풀어놓고서 시냇물 소리 듣네.」(身世悠悠我此行, 溪邊委轡聽溪聲) 이 시의 전체는 《내집》 권1 〈86〉의 원운시를 보라.

3 | 수색산광(水色山光) : 당나라 유장경(劉長卿)의 〈화석담(花石潭)〉 「물빛 담담하여 하늘처럼 맑은데, 산 경치 다시 그 위로 비치네.」(水色淡如空, 山光復相映)
조안명(照眼明) : 송나라 왕안석(王安石)의 〈요강에 배를 대다(泊姚江)〉 「산 모습은 짙푸른 물결 같이 강물 뒤치며 일렁거리고, 물은 파란 하늘 같이 눈에 비치어 밝아지네.」(山如碧浪翻江去, 水似青天照眼明)

98. 次韻黃仲擧[1] _仲擧時爲丹陽. 蓋選授救凋弊也[2]

황중거가 지은 시의 각운자를 써서 짓다_ 중거는 지금(1557년) 단양군수가 되었다. 대체로 선발하여 관직을 주어 백성들의 곤핍함을 구제하려는 것이었다

聞說桃源化棘榛[3]
문 설 도 원 화 극 진

듣자하니 도화원
가시와 잡목으로 바뀌었다고 하는데,

天敎江夏撫顰呻[4]
천 교 강 하 무 빈 신

하늘 강하의 황향 같은 사람으로 하여금
찡그리고 신음함 위무하게 하셨다네.

1 | 황중거(黃仲擧) : 금계(錦溪) 황준량(黃俊良 : 1517~1663)의 자. 황준량에 대해서는 《내집》 권1 〈104〉—1)을 보라.

2 | 조폐(凋弊) : 곧 조폐(凋敝)와 같으며, 곤핍한 것을 말한다. 《사기·혹리열전(酷吏列傳)》「(尹齊는) 임금이 유능하다고 여겨 중위로 승진시켰는데 관리와 백성들이 갈수록 곤핍해졌다.」(上以爲能, 遷爲中尉, 吏民益凋敝)

3 | 도원(桃源) : 원래는 도연명이 그린 이상향인 도화원의 준말인데, 여기서는 단양을 가리킨다. 《신증동국여지승람》 권14 〈충청도·단양군(忠淸道·丹陽郡)〉에 「(李穡의 시에) 한가한 사람은 도원으로 들어가서 자려 하지만, 역의 아전들은 다투어 촉으로 가는 길처럼 어렵다고 말하네.」(閑人欲向桃源宿, 郵吏爭言蜀道難)라 하였다. 이색의 시 제목은 미상이다. 금나라 원호문(元好問)의 〈집으로 돌아가다(還家)〉 제3수 「산의 살구 냇가의 복숭아나무 가시와 잡목으로 바뀌고, 춤추던 누대며 노래하던 정자는 재와 먼지 같이 내려앉았다네.」(山杏溪桃化棘榛, 舞臺歌榭墮灰塵)

4 | 강하(江夏) : 강하는 후한의 황향을 말한다. 《후한의 역사》 권80상 〈문원열전·황향(文苑列傳·黃香)〉「황향은 자가 문강으로 강하 안륙 사람이다. …… 널리 경전을 배우고 도술을 궁구하여 정통하였으며 문장에 능하여 서울에서는 『천하에는 강하의 황동 같은 사람이 둘도 없다.』라 하였다.」(黃香字文彊, 江夏安陸人也……博學經典, 究精道術, 能文章, 京師號曰, 天下無雙江夏黃童) 지방관으로 동군태수(東郡太守)와 위군태수(魏郡太守)를 지낸 적이 있다. 황중거의 성이 황씨이므로 황향의 고사를 끌어다 썼다.

但將苛虎能除暴[5]
단 장 가 호 능 제 폭

다만 호랑이 같은 가혹한 정치
그 사나움 없앨 수만 있다면,

誰道離鴻不集仁[6]
수 도 리 홍 불 집 인

누가 말하는가? 헤어진 기러기
좋은 소식 듣고 모여들지 않으리라고.

精飯丹砂今可驗[7]
정 반 단 사 금 가 험

정반과 단사
지금 시험해 볼만하니,

5 | 가호(苛虎) : 《예기·단궁(檀弓) 하》「공자께서 태산 곁을 지나는데 어떤 부인이 무덤에서 울고 있었다. …… 자로에게 물어보게 했다. ……『옛날에 우리 시아버지가 호랑이에게 죽었고 내 남편이 또 그렇게 죽었으며 지금은 내 아들이 또 그렇게 죽었습니다. 부자가 말씀하셨다.『어째서 떠나지 않는 것이오?』말하였다.『가혹한 정치가 없습니다.』부자께서 말씀하셨다.『…… 가혹한 정치는 호랑이 보다 더 무섭다.』」(孔子過泰山側, 有婦人哭於墓者……使子路問之……昔者吾舅死於虎, 吾夫又死焉, 今吾子又死焉. 夫子曰, 何爲不去也? 曰, 無苛政……夫子曰, 苛政猛於虎也)

6 | 수도이홍불집인(誰道離鴻不集仁) : 당나라 양사도(楊師道)의 〈연회에서 모시며 일어나서 금을 연주하다(侍宴賦得起坐彈鳴琴)〉 제1수「변하여 외기러기 소리를 내니, 도리어 고향 그리는 노랫가락이 되는구나.」(變作離鴻聲, 還入思歸引) 이 시는 또한 양희도(楊希道)의 시라고도 한다.《고증》「생각건대 흩어졌던 단양의 백성들이 이 때 모여 돌아왔기 때문에 한 말일 것이다.」(案, 丹民流亡者, 至是皆還集故云)

7 | 정반(精飯) : 《고증》「양동(楊桐)은 잎이 가늘면서 겨울에 푸르다. 한식 때 그 잎을 따서 밥에 물을 들여서 먹는데, 도가(道家)에서 이를 정반(精飯)이라고 한다.」(楊桐葉細冬靑, 寒食採其葉染飯, 道家謂之精飯)《고금사문유취(古今事文類聚)》(前集 권8),《격치경원(格致鏡原)》(권65) 등에 보인다.

碧溪青嶂頓應新[8]
벽 계 청 장 돈 응 신

질푸른 시내 파란 산봉우리
문득 새롭게 느껴지리.

憑君寄語龜潭主
빙 군 기 어 구 담 주

그대 편에 구담의 주인에게
말 부치어 보내려 하노니,

會向三花共掛巾[9]
회 향 삼 화 공 괘 건

틀림없이 삼화수 가지에
함께 두건 걸고 싶다는 뜻을.

李而盛[10]
이이성

8 | 벽계청장(碧溪青嶂) : 송나라 소식의 〈건주팔경도(虔州八境圖)〉「저녁 무렵 고기 잡고 나무하던 사람들 모두 떠나고, 푸른 시내와 파란 산봉우리만 나정을 감도네.」(薄暮漁樵人去盡, 碧溪青嶂遶螺亭)

9 | 삼화공수건(三花共掛巾) : 삼화(三花)는 곧 삼화수(三花樹)로, 패다수(貝多樹)이다. 1년에 꽃을 세 번 피우므로 이렇게 말한다. 송나라 형거실(邢居實 : 자는 敦夫, 惇夫)의 〈이공린이 그림을 그리다(李伯時畫圖)〉「대나무 지팡이에 짚신 신고 전원으로 돌아와, 두건 삼화수 가지 잘 걸어두었네.」(竹杖芒鞋歸去來, 頭巾好掛三花樹)

10 | 이이성(李而盛) : 성암(省庵) 이지번(李之蕃)의 자. 토정(土亭) 이지함(李之涵)의 형으로 윤원형이 정권을 좌지우지하자 벼슬을 버리고 단양의 구담(龜潭)에 와서 은거하였다. 《내집》 권2 〈92〉—1)을 보라.

99~104. 次韻權生應仁山居[1]

권응인의 산에서 살며라는 시의 각운자를 써서 짓다

99

學士終非負碧山[2] 학 사 종 비 부 벽 산	나 같은 한림학사 끝내 푸른 산 저버리지 않고,
陶門雖設亦常關[3] 도 문 수 설 역 상 관	도잠 같이 문 비록 달았으나 또한 늘 잠겨 있다네.
雨餘庭院無人迹[4] 우 여 정 원 무 인 적	비 온 뒤 정원에는 사람 자취 없고,

1 | 권응인(權應仁 : 1517~?) : 자는 사원(士元), 호는 송계(松溪)이다. 권응인에 대하여서는 《내집》 권2 〈185〉—1)을 보라.
57세 작.(권오봉 《대전》 607쪽)

2 | 학사~부벽산(學士~負碧山) : 송나라 축목(祝穆)의 《고금사문유취(古今事文類聚)》 전집(前集) 권32 「장포는 양나라 천감 연간에 학사직을 제대로 수행하지 않아 어사가 탄핵하려고 하였다. 장포가 말하기를 『푸른 산이 나를 저버리지 않았구나.』라 하고는 곧 문서를 불태우고 휘파람을 불면서 떠났다.」(張褒梁天監中不供學士職, 御史欲彈劾, 褒曰, 碧山不負吾, 乃焚章長嘯而去)

3 | 도문~관문(陶門~關門) : 진나라 도연명의〈돌아가자꾸나(歸去來兮辭)〉「날로 동산 거니니 홍취 생기고, 문은 달아 놓았어도 늘 닫혀 있네.」(園日涉而成趣, 門雖設而常關)

4 | 우여~무인적(雨餘~無人迹) : 송나라 구양수의 〈금봉화(金鳳花)〉「뜰 안에 비 지나가고 사람 자취 없는데, 낭자하게 깊은 붉은 색 푸른 이끼 물들이네.」(中庭雨過無人迹, 狼籍深紅點綠苔)

鳥雀蓬蒿永日閒[5]
조 작 봉 호 영 일 한

쑥대 사이의 새와 참새
　　오래도록 한가롭네.

100
誰無窮巷一簞瓢[6]
수 무 궁 항 일 단 표

누가 궁벽한 골목의
　　대밥그릇과 표주박 없겠는가?

樂處如今歎獨遙
락 처 여 금 탄 독 요

지금 같으니 즐거운 곳
　　홀로 배회하면서 감탄하네.

錯信睎顏前古訓[7]
착 신 희 안 전 고 훈

안연 바라는 앞의
　　옛 가르침 속속들이 믿어,

心齊終日坐寥寥
심 제 종 일 좌 료 료

마음 다스리느라 종일토록
　　쓸쓸히 앉아 있겠네.

5 | **조작봉호(鳥雀蓬蒿)** : 송나라 유반(劉攽)의 〈해질녘에 걸어서 손감승께 들르다(日晩步過孫監丞)〉「석양에 새와 참새 시끄러이 지저귀고, 그윽한 길은 쑥대 사이로 드네.」(夕陽喧鳥雀, 幽逕入蓬蒿) 조작(鳥雀)은 그냥 작은 새를 두루 일컫는 말로 쓰였다.

6 | **궁항일단표(窮巷一簞瓢)** : 《논어·옹은(雍也)》「한 대나무 그릇의 밥과 한 표주박의 마실 것으로 누추한 골목에 있는 것을 남들은 그 근심을 견디어 내지 못하는데 안회는 그 즐거움을 바꾸지 않는다.」(一簞食, 一瓢飮, 在陋巷, 人不堪其憂, 回也不改其樂)

7 | **희안(睎顏)** : 《고증》「《설문해자》에서 『희(睎)는 바람이다. 망(望)자와 통한다.』라 하였다.」(說文, 睎, 望也, 希通) 한나라 양웅(揚雄)의 《법언(法言)》 권1 〈학행(學行)〉「천리마가 되기를 바라는 말은 또한 천리마이고, 안연(顏淵)처럼 살기를 바라는 사람은 또한 안연의 무리이다.」(睎驥之馬, 亦驥之乘也, 睎顏之人, 亦顏之徒也)

101

經籍兒孫日課程[8]
경 적 아 손 일 과 정

경적으로 아이와 손자들 데리고
내 날마다 과정을 삼으나,

自慙身業老凋零
자 참 신 업 로 조 령

몸과 학업 늙어가면서
시들어짐 스스로 부끄럽네.

只今那得烏川子[9]
지 금 나 득 오 천 자

다만 지금 세상에서 어찌
오천자 같은 어른 얻으리오?

函丈親承說竪橫[10]
함 장 친 승 설 수 횡

스승으로 모시고 친히 종횡무진한
학설 이어받을 수 있겠는가?

承一作聞

「받들 승」자는 어떤 판본에는 「들을 문」자로 되어 있다

8 | 경적(經籍) : 곧 경서(經書)와 같은 뜻.

9 | 오천자(烏川子) : 《고증》「포은 정몽주이다.」(圃隱) 오천은 연일(延日)의 고호(古號)로, 정몽주가 연일 정씨이기 때문에 이렇게 부른다.

10 | 함장(函丈) : 「函杖」이라고도 한다. 원래는 강학하는 사람과 청강하는 사람 사이에 놓인 거리가 1장이라는 것을 말한다. 《예기·곡례(曲禮) 상》「음식을 대접할 정도의 손님이 아니라면 자리를 펼 때 자리 사이를 1장 거리를 둔다.」(若非飮食之客, 則布席, 席間函丈) 나중에는 강학을 하는 자리를 나타내게 되었고, 나아가 선배나 스승의 경칭으로 쓰이기도 한다.

102

霧藏文豹地藏龍[11]
무 장 문 표 지 장 룡

안개는 무늬 표범 숨겼는데
땅은 자네 같은 용 숨겨서,

一片閒雲萬丈峯
일 편 한 운 만 장 봉

한 조각 한가로운 구름이
만 길 높은 봉우리 앞을 막고 있구나.

物象與人皆可警
물 상 여 인 개 가 경

자연경관과 그대 같은 사람 모두
경계할 만한 교훈으로 삼을 만하니,

蒼蒼不獨歲寒松[12]
창 창 부 독 세 한 송

고고창창한 것 다만
해 추워진 뒤의 소나무만은 아니라네.

11 | 무장문표(霧藏文豹) : 《여러 여인들의 전기(列女傳)》 권2 〈도답자의 처(陶荅子妻)〉 「저는 듣기를 남산에 검은 표범이 있는데 안개비가 내리는 7일 동안은 내려와 먹지를 않는다고 하였는데 그것은 무슨 까닭일까요? 그 몸의 털을 윤택하게 하여 무늬를 이루고자 하기 때문입니다. 그러므로 몸을 숨겨 해를 피하는 것입니다.」(妾聞南山有玄豹, 霧雨七日而不下食者, 何也, 欲以澤其毛而成文章也. 故藏而遠害)

12 | 창창~세한송(蒼蒼~歲寒松) : 송나라 소옹(邵雍)의 〈대서음(代書吟)〉 「눈 앞에 있는 초목 어찌 만에 그치겠는가만, 날 추워진 다음의 소나무와 계수나무 홀로 푸릇푸릇하다네.」(草木面前何止萬, 歲寒松桂獨青青)

103

疾病侵尋柰老何 질 병 침 심 내 로 하	질병 차츰차츰 찾아드니 내 늙음 어찌할까?
隨緣猶自樂無涯 수 연 유 자 락 무 애	되는대로 맡겨두니 오히려 저절로 즐거움 끝 없어졌다네.
地偏心遠吾何敢[13] 지 편 심 원 오 하 감	마음이 멀어지니 땅이 호젓하여졌다는 경지 내 어찌 감히 자랑하겠는가?
免向人間逐浪波 면 향 인 한 축 랑 파	고작 인간 세상에서 물결 좇음 벗어났다고만 할 수 있겠네.

13 | 지편심원(地偏心遠) : 진나라 도연명(陶淵明)의 〈술을 마시며(飮酒)〉 제5수 「띠집 이어 사람들 사는 곳에 있으나, 수레나 말 달리는 시끄러움 없네. 그대에게 묻노니, 어떻게 그럴 수 있는가? 마음 멀리 두니 땅도 저절로 호젓해져서라네.」(結廬在人境, 而無車馬喧. 問君何能爾, 心遠地自偏)

104

首夏園林白日長[14] 수 하 원 림 백 일 장	초여름에 동산의 숲 한낮 길기만 한데,
蔥瓏草木盡生香[15] 총 롱 초 목 진 생 향	무성하게 우거진 초목 한껏 향기 내뿜네.
無端記得前修語 무 단 기 득 전 수 어	무심결에 전에 적어 보내었던 말 생각나는데,
圓鑿從來不入方 원 착 종 래 불 입 방	둥근 구멍 예로부터 모난 자루 들어가지 않았다네.

14 | 수하~백일장(首夏~白日長) : 송나라 육유(陸游)의 〈대나무 창 아래서 낮잠을 자다(竹窓晝眠)〉「초여름 더위에 비 잦아들고, 다만 낮 길게만 느껴지네.」(初夏暑雨薄, 但覺白日長)

15 | 총롱(蔥瓏) : 초목이 무성함을 나타내는 첩운 연면 의태어.

105. 贈李秀才叔獻[1]_戊午

이숙헌 수재에게 드리다_ 무오년(1558)

歸來自歎久迷方[2] 귀 래 자 탄 구 미 방	돌아와서 오래도록 방향 잃었음 스스로 탄식하고,
靜處纔窺隙裏光 정 처 재 규 극 리 광	조용한 곳에서 겨우 틈 사이로 빛 엿보았다네.
勸子及時追正軌 권 자 급 시 추 정 궤	권커니 그대 때 맞추어 바른 길 좇아,
莫嗟行脚入窮鄕[3] 막 차 행 각 입 궁 향	행각하여 궁한 곳에 들어갔음 탄식하지 말게나.

1 | 숙헌(叔獻) : 율곡(栗谷) 이이(李珥 : 1536~1584)의 자. 이이에 대해서는 《내집》 권2 〈211〉—1)을 보라

2 | 구미방(久迷方) : 진나라 도연명의 〈돌아가자꾸나(歸去來辭)〉 「실로 길 헷갈려 더 멀어지기 전에, 지금이 옳고 지난날이 그른 것 깨달았네.」(實迷塗其未遠, 覺今是而昨非)

3 | 행각입궁향(行脚入窮鄕) : 행각은 중이 스승을 찾고 설법을 구하여 사방을 떠돌아다니며 걸식하는 것을 말한다. 궁향은 불교를 비유하는 말로 썼다. 율곡이 한때 불교에 빠졌으므로 이 말을 쓴 것이다.

106. 贈沙門法蓮[1] 幷序

중 법련에게 드리다 서문을 아우름

余於陶山南谷, 欲搆精廬, 令龍壽寺僧法蓮, 幹其事. 蓮不以余不能資給而有難色, 其志可嘉. 拘迫世故, 今作西行. 蓮來告云, 欲往雞林有經理, 書所感以與之

내 도산 남쪽 골짜기에 정려를 얽고자 하여 용수사의 중 법련에게 그 일을 맡겼다. 법련이 내가 자금을 넉넉하게 댈 수 없는 것을 난처해하지 않으니 그 뜻이 가상하다 하겠다. 나는 세상일에 얽매여 지금 서울로 가게 되었다. 법련이 와서 이르기를 처리할 일이 있어서 경주에 가야겠다고 한다. 느낀 바를 적어 그에게 준다

一畝儒宮一鉢僧[2] 일 무 유 궁 일 발 승	한 이랑 작은 유궁에 탁발승 하나,
欲成吾志汝安憑 욕 성 오 지 여 안 빙	나는 뜻 이루려 하거니와 그대는 무엇을 믿고 기대는가?

1 | 법련(法蓮) : 용수사의 중. 《내집》 권3 〈도산기(陶山記)〉에 「농부가 그 가운데서 밭을 일구고 있었으나 재물로 바꾸었고 법련이라는 중이 그 일(도산서당 건축 공사)을 맡았는데, 얼마 있지 않아 법련이 죽자 정일이라는 중이 그 일을 이어받았다.」(野人田其中, 以資易之, 有浮屠法蓮者幹其事, 俄而蓮死, 淨一者繼之)라는 말이 보인다.

2 | 유궁(儒宮) : 원래는 고대의 관립 학교를 가리키는 말인데 여기서는 도산서당을 말한다.

事同出羖雖非易[3] 사 동 출 고 수 비 역	일이 뿔 없는 숫양 내놓게 하는 것과 같아 비록 쉽지는 않겠지만,
誠似移山詎不能[4] 성 사 이 산 거 불 능	성실하기가 산을 옮기는 것 같으니 어찌 할 수 없겠는가?
風月滿川須有主[5] 풍 월 만 천 수 유 주	바람과 달 온 내에 가득하니 반드시 주인 있을 것이고,
雲霞入眼好爲朋 운 하 입 안 호 위 붕	구름과 놀 눈에 드니 벗 삼기 좋을 것이라네.
明年返我迷行駕 명 년 반 아 미 행 가	내년에 내 잘못 타고 나갔던 수레 되돌려 온다면,
衡泌端居樂莫勝[6] 형 필 단 거 락 막 승	물 졸졸 흐르는 형문에 편안하게 거처하는 즐거움 이기지 못하리라.

3 | 출고(出羖) : 검은 색 숫양. 또한 숫양을 두루 가리키기도 한다. 《시경·소아·빈지초연(賓之初筵)》「취중에서 나오는 대로 말하는 자에게는, 뿔이 없는 숫양을 내놓게 하리라.」(由醉之言, 俾出童羖) 주자의 주석 「동고는 뿔이 없는 숫양이니, 이는 반드시 없는 물건이다.」(童羖, 無角之羖羊, 必無之物也)

4 | 이산(移山) : 곧 우공이산(愚公移山)을 말한다. 《열자·탕문(湯問)》편에 나오는 고사로, 북산(北山)의 우공(愚公 : 어리석은 늙은이)이 온 집안 사람을 동원하여 태항산(太行山)과 왕옥산(王屋山)을 옮겼다는 것을 말한다. 어려움을 두려워하지 않고 마음먹은 일을 끝내 이루고야 만다는 뜻으로 쓰인다.

5 | 풍월~수유주(風月~須有主) : 송나라 소옹(邵雍)의 〈남에게 술을 빌기를 묻다(問人丐酒)〉「바람과 달 하늘에 가득한데 누가 주인인가? 숲과 샘 너른 땅 어찌 사람 없으리오.」(風月滿天誰是主, 林泉遍地豈無人)

6 | 형비(衡泌) : 《시경·진풍·형문(陳風·衡門)》「샘물 졸졸 흐르니, 굶주림을 잊고 즐길 수 있다네.」(泌之洋洋, 可以樂飢)

107. 次韻

같은 각운자를 써서 짓다

來客偏衝雨 내 객 편 충 우	나에게 온 손님 비 무릅쓰고 찾아왔는데,
鳴鳩未喚晴[1] 명 구 미 환 청	비둘기 울면서 아직 개었다는 소리 않았다네.
林荒聞葉潤 임 황 문 엽 윤	숲 거친데 잎 젖는 소리 들리고,
巖古看雲生 암 고 간 운 생	바위 오랜데 구름 생겨남 보는 듯하다네.

1 | 명구미환청(鳴鳩未喚晴) : 송나라 양만리(楊萬里)의 〈가뭄을 안타깝게 여김(憫旱)〉「우는 비둘기 비 부름 날씨 개기 부르는 것과 같고, 수차 밤에 돌아가는 소리 날 샐 때까지 들리네.」(鳴鳩喚雨如喚晴, 水車夜啼聲徹明)

即欲爲隣計 즉 욕 위 린 계	내 곧 그대와 이웃 되고자 하는 계책 있으니,
何須問地名 하 수 문 지 명	어찌 모름지기 땅 이름 물어 무엇하리오?
主人閒味熟 주 인 한 미 숙	그곳 주인인 그대 한가로운 맛 누림 익숙한데,
奇勝擅靑城[2] 기 승 천 청 성	빼어난 경치는 청성산을 독차지하였다고 하네.

2 | 청성(靑城) : 중국의 성도(成都) 부근에 있는 신선이 살던 곳으로 같은 이름의 산이 있었고, 안동 풍산에도 낙동강변의 경치가 좋은 곳에 이러한 이름의 산이 있었다고 하는데, 퇴계선생의 제자인 송암 권호문(權好文)이 그 산 아래에 무민재(無悶齋)를 짓고 은거하기도 하였고, 또 그 산의 한구석을 학봉 김성일에게 떼어주어 석문정사(石門精舍)를 마련하기도 하였다고 하는데, 이 시는 이 두 사람 중 어느 한 사람이 지어보낸 시를 보고 차운하여 지은 것으로 생각된다.

108. 送南時甫[1]

남시보를 보내다

大學工夫日用間 대 학 공 부 일 용 간	대학의 공부 날로 쓰는 사이에 있으니,
直須功力可求端 직 수 공 력 가 구 단	곧장 모름지기 공력 단서 구할 수 있네.
能知止善爲眞的[2] 능 지 지 선 위 진 적	선에 마무름 알 수 있다면 이것이 참된 것이고,
始識誠身是大關[3] 시 식 성 신 시 대 관	성의 수신 막 알았다면 이것이 곧 관건이라네.

1 | 남시보(南時甫) : 정재(靜齋) 남언경(南彦經 : 1528~1594?)의 자. 남언경에 대해서는 《내집》 권2 〈116〉—1)을 보라.
59세 3월 4일 경에 충주 가흥창(可興倉) 강가에서 작별하면서 지은 시이다.(정석태 《연표·2》 536쪽)

2 | 지선(止善) : 《대학》의 삼강령 중 하나인 「지극한 선에 머무름」(止於至善)을 말한다.

3 | 성신(誠身) : 지성입신(至誠立身)이라는 뜻도 있지만 여기서는 《대학》의 8조목의 두 항목인 성심(誠心)과 수신(修身)을 말하는 것 같다.

次第縱分當互進
차 제 종 분 당 호 진

차례 나눈다 해도
　마땅히 함께 나아가야 하고,

規模雖大在融看
규 모 수 대 재 융 간

규모 비록 커다 해도
　융회하여 봄에 있네.

融看互進嗟吾老
융 간 호 진 차 오 로

융회하여 보고 함께 나아가야 하나
　아! 내 늙었으니,

請子終身不作難[4]
청 자 종 신 부 작 난

청컨대 그대 죽을 때까지 한다면
　어렵지는 않을 것이라네.

4 | 부작난(不作難) : 송나라 조공소(晁公遡)의 〈증기주의 자리 오른쪽에 있는 산수도(曾夔州座右山水圖)〉「회산 바다에 거꾸로 비치기 어렵지 않은데, 이 뜻 누가 붓끝으로 전할 수 있겠는가?」(回山倒海不作難, 此意誰能傳筆端)

109. 題古鏡重磨方[1]

고경중마방에 적다

古鏡久埋沒 고 경 구 매 몰	옛 거울 오래도록 파묻혀 있어,
重磨未易光 중 마 미 이 광	거듭 닦아도 광내기 쉽지 않네.
本明尙不昧 본 명 상 불 매	본래 맑아 아직도 어둡지 않으니,
往哲有遺方[2] 왕 철 유 유 방	선현들 남긴 방법 있다네.

1 | 《고증》「선생께서 고금의 잠(箴)·명(銘)과 찬(贊) 가운데 몸과 마음에 절실한 것을 모아서 《고경중마방》이라고 하셨다.」(先生裒集古今箴銘及贊切於身心者, 名曰古鏡重磨方)

2 | 고경~유유방(古鏡~有遺方) : 주자의 〈임희지를 전송하다(送林熙之詩)〉 제5수 「옛 거울 거듭 닦는 데는 옛 방법 필요하니, 눈 밝으면 오로지 해와 빛 다툰다네.」(古鏡重磨要古方, 眼明偏與日爭光) 《주자어류》 권14 〈대학(大學) 1〉 「이를테면 거울 같은 것으로 본래는 밝은 물건이었는데, 먼지로 인하여 흐려졌기 때문에 비출 수 없게 된 것이다. 모름지기 묵은 때를 닦아낸 연후에야 거울은 밝음을 회복하게 되는 것이다.」(譬如鏡焉, 本是箇明底物, 緣爲塵昏, 故不能照. 須是磨去塵垢, 然後鏡復明也) 또 같은 책 권41 〈논어 23〉 「자신의 사사로움이 이미 억제되었다면 하늘의 이치는 저절로 회복된다. 비유컨대 먼지와 때가 이미 제거되었다면 거울이 저절로 밝은 것과 같다.」(己私旣克, 天理自復. 譬如塵垢旣去, 則鏡自明)

59세 9월 작.(정석태 《연표·2》 559쪽)

人生無老少[3]
인 생 무 로 소

사람 살아가는데 늙은이 젊은이 없이,

此事貴自彊
차 사 귀 자 강

이 일 스스로 강하게 함 귀히 여긴다네.

衛公九十五
위 공 구 십 오

위공은 95세의 나이에,

懿戒存圭璋[4]
의 계 존 규 장

아름다운 경계 규장에 남아 있네.

3 | 인생무로소(人生無老少) : 당나라 두보의 〈걸어서 돌아오다(徒步歸行)〉「사람 살아가면서 사귐 늙은이 젊은이 할 것 없이, 사귐 논하는데 왜 반드시 생각 같음 우선하는가?」(人生交契無老少, 論交何必先同調)

4 | 위공~존규장(衛公~存圭璋) : 《시경·대아·억(抑)》편에 「백규의 흠은 오히려 갈아 없앨 수 있거니와 이 말의 결함은 다스릴 수가 없느니라.」(白圭之玷, 尙可磨也, 斯言之玷, 不可爲也)라는 구절이 있다. 주자의 《시경의 주석을 모음(詩集傳)》「(《國語》 〈초어〉에 좌사인 의상이 말하기를 『옛날 위무공은 나이가 95세로되 오히려 국중에 경계하여 말하기를 "경 이하 사, 장, 사에 이르기까지 진실로 조정에 있는 자들은 내가 늙었다 하여 나를 버리지 말고 반드시 아침저녁으로 공손히 하고 조심하여 서로 나를 경계하라." 하였다. …… 이에 의계를 지어 스스로 경계하였다. …… 위소가 말하기를 『懿는 억(抑)으로 읽으니, 바로 이 편이다.』하였다.」(楚語, 左史倚相曰, 昔衛武公年數九十五矣, 猶箴儆於國曰, 自卿以下, 至于師長士, 苟在朝者, 無謂我老髦而舍我, 必恭恪於朝夕, 以交戒我……於是, 作懿戒以自儆……韋昭曰, 懿讀爲抑, 卽此篇也)

110~111. 奉次大成, 調士敬覓紅桃栽絶句[1] _庚申

삼가 대성이 사경이 심을 홍도를 찾는 것을 놀린 절구의 운자를 써서 짓다_ 경신년(1560)

110

一向繁華生愛欲 일 향 번 화 생 애 욕	줄곧 번화롭기만 하면 사랑과 욕심 생기나니,
便於苦節□前操[2] 편 어 고 절 □ 전 조	괴로운 절약에서 편하여진다는 것을 앞선 시가락에서 □하였다네.
因君調趙發深省[3] 인 군 조 조 발 심 성	그대가 조군 놀리어 깊은 성찰 일깨워,
我亦尋溪爲賞桃 아 역 심 계 위 상 도	나 또한 냇가 찾았네, 복사꽃 어떤지 살펴보고자.

溪舍東園, 有紅白桃一樹, 兒報盛開, 爲入留數日而出. 卽見來詩, 不覺有警心, 故云. 所得賞桃詩一絶, 不敢隱, 錄在左方, 兼示士敬, 一笑

1 | 대성(大成) : 농암의 차남인 벽오(碧梧) 이문량(李文樑 : 1498~1581)의 자. 이문량에 대해서는《내집》권2 〈55〉—1)을 참조하여 보라.
조사경(趙士敬) : 위 〈77〉—5)에 보인다.

2 | 고절(苦節) :《주역·절괘(節卦)》「절약을 하면 형통한다. 그러나 과분하여 괴로운 절약은 바른 것으로 고수할 할 수 없다.」(節, 亨. 苦節, 不可貞)《내집》권2 〈55〉—4)를 참조하여 보라.
궐자는 번남본에는「상쾌할 상」(爽)자로 되어 있다.

3 | 조(調) : 조(嘲)자와 같은 뜻으로 쓰였다.

퇴계 마을에 있는 집의 동쪽 동산에 홍도와 백도 한 그루가 있는데 아이가 활짝 피었다고 알리어 들어온 지 며칠 만에 나갔다. 곧 보내온 시를 보고 부지중에 가다듬는 마음이 생겼으므로 여기서 언급하였다. 나도 시상이 떠올라서 지은 복사꽃 감상시 한 절구를 감히 숨길 수가 없어 아래에 기록하여 자네 대성에게 보내고 아울러 사경에게도 보이니 한바탕 웃기를 바란다

111.

春卷千花去已空[4]
춘 권 천 화 거 이 공

봄 온갖 꽃 거두어
떠나 이미 비었는데,

園中一樹錦雲紅[5]
원 중 일 수 금 운 홍

동산의 한 그루 나무
비단 구름처럼 붉다네.

東君也解修交際[6]
동 군 야 해 수 교 제

봄 귀신 또한
교제 닦을 줄 알아서,

留此韶華與祝融[7]
류 차 소 화 여 축 융

이 봄 풍경
축융에게 넘겨 주었다네.

4 | 거이공(去已空) : 당나라 위응물(韋應物)의 〈부풍에 있는 정사의 옛 거처를 지나면서 조종과 거천 형제에게 부침(過扶風精舍舊居簡朝宗巨川兄弟)〉「깃들어 머물던 일 어제와 같고, 꽃 피는 때 지나 이미 비었다네.」(栖止事如昨, 芳時去已空)

5 | 금운홍(錦雲紅) : 수목의 꽃을 주로 묘사하는 말. 당나라 고황(顧況)의 〈초가을 연못에서 돌아오다(初秋蓮塘歸)〉「가을 빛 깨끗하여 자취 없고, 연꽃은 비단 구름 같은 붉음 없어졌다네.」(秋光浄無跡, 蓮消錦雲紅)

6 | 동군(東君) : 봄을 관장하는 귀신. 오행에 의하면 봄은 목(木)에 해당하는데 방위는 동쪽을 나타내므로 이렇게 말한다.

7 | 축융(祝融) : 신(神)의 이름. 제곡(帝嚳) 때 불을 관장하던 사람으로 나중에 화신(火神), 남방의 신으로 높여졌다. 불을 대신 일컫는 말로 쓰이기도 한다. 오행의 불은 계절로 치면 여름이고, 방위로 보면 남방이기 때문에 불의 신, 나아가 여름이라는 뜻으로 쓰인다.

112. 次翠竹韻[1]

취죽을 소재로 삼은 시의 각운자를 써서 짓다

翠竹當軒暑自消
취 죽 당 헌 서 자 소

푸른 대 헌함 앞에 있으니
더위 저절로 사그러지고,

臨風擎雨勢飄蕭
임 풍 경 우 세 표 소

바람 맞고 비에 들리니
기세 표일하고 소쇄하네.

護寒此地休嫌窨
호 한 차 지 휴 혐 음

차가운 이 땅 지켜주니
움집 싫어하지 말게나,

苦節方看貫歲朝[2]
고 절 방 간 관 세 조

괴로운 절개 바야흐로
정월 초하루 지남을 보게 되리니.

1 | 60세작.(권오봉 《대전》 673쪽)

2 | 세조(歲朝) : 세단(歲旦). 곧 음력 정월 초하루.

113. 送四季一叢于金彦遇[1]

김언우에게 사철나무 한 무더기를 보내다

碧玉叢枝蕚豔丹
벽 옥 총 지 악 염 단

벽옥 같은 떨기 진 가지
곱고 붉은 꽃술,

移根乘雨寄君看
이 근 승 우 기 군 간

비 오는 틈에 뿌리 옮겨
그대 보도록 부치네.

從今莫縱羣髥簿
종 금 막 종 군 염 부

지금부턴 염주부들
풀어 놓아서,

橫作花寃一啖閒
횡 작 화 원 일 담 한

다 뜯어먹는 사이
꽃의 원한 사지 않게 하게나.

古今註, 羊一名髥鬚主簿. 今君家啖花者, 實羔也. 非羊, 而使羊故事者, 諸書皆訓羔爲羊子, 則羔亦可呼爲髥主簿故耳

《고금주》에서 양은 일명 염수주부라고 했다. 지금 그대의 집에서 꽃을 먹는 것은 사실 흑염소이다. 양이 아닌데도 양의 고사를 쓴 것은 여러 책에서 모두 고(羔)의 훈을 새끼 양이라고 했으니 고 또한 염주부라고 부를 만할 이유가 있을 따름이다

1 | 김언우(金彦遇) : 후조당(後凋堂) 김부필(金富弼 : 1516~1577)의 자. 김부필에 대해서는 《내집》 권3 〈188〉—1)을 보라.
고금주(古今註) : 《고증》 「당나라 최표가 지었다.」(唐崔豹著) 해당 항목은 권중 〈조수(鳥獸)〉 제5에 나온다.
권오봉은 이 시를 60세 작으로 편년하였다.(《대전》 674쪽)

114. 籠鴈韻[1]

새장 속의 기러기라는 뜻을 담은 시의 운자로

思在冥冥屢掣飛[2]
사 재 명 명 루 체 비

생각은 아득한 하늘로
여러 번 솟구쳐 나는 데 있으나,

不鳴慚得稻粱肥[3]
불 명 참 득 도 량 비

울지 못하고 벼와
기장에 살찜 부끄러워한다네.

何人快解籠中紲
하 인 쾌 해 농 중 설

누가 빨리 새장의
줄 풀어주어,

一擧凌風萬里歸
일 거 릉 풍 만 리 귀

한 번에 바람 타고
만 리 돌아갈까?

1 | 내용으로 보건대 벼슬을 버리고 돌아가는 것을 흠모하는 시이기 때문에 《속집》의 부분 편차로 보아서 60세에 지은 것으로 편차하고 있으나(권오봉, 정석태) 이 해에는 서울에 머물지 않았기 때문에 재고하여 볼 여지가 있다.

2 | 철비(掣飛) : 몸을 솟구쳐 날아감. 당나라 두보의 〈떠나가리(去矣行)〉 「그대는 보지 못하였는가? 가죽 팔찌 위의 새매를, 한번 배불러지기만 하면 솟구쳐 날아올라 가버리는 것을.」(君不見韝上鷹, 一飽則飛掣) 「掣」자는 「체」로 읽기도 한다.

3 | 도량비(稻粱肥) : 당나라 진자앙(陳子昂)의 〈원앙편(鴛鴦篇)〉 「큰 기러기 북방의 변방으로 날아와, 공연히 벼와 기장에 살쪘음만 기억하네.」(鴻雁來紫塞, 空憶稻粱肥)

115. 浴歸韻[1]

목욕하고 돌아가다라는 뜻을 담은 시의 운자로

盥濯嬉遊任疾遲[2]
관 탁 희 유 임 질 지

몸 씻는 일 즐거운 놀이
　느긋하게 마음 풀어놓으니,

當年何異此淪漪[3]
당 년 하 이 차 륜 의

그 당시와 무엇이 다르리오,
　이 잔물결은.

可憐千載歸來詠
가 련 천 재 귀 래 영

부럽구나, 천 년 전에
　돌아오며 노래 읊음,

誰識天風滿意吹
수 식 천 풍 만 의 취

누가 알리오, 하늘의 바람
　만족스레 붊.

1 | 《고증》「살펴보건대, 이 시는 주자의 시를 차운하였다.」(案, 此次朱子韻) 곧 《주문공집》 권2에 보이는 〈증점(曾點)〉을 말한다. 원운시를 보라. 제목의 형식은 위의 시와 같으나 내용은 좀 달라서 같은 때 지은 것인 지 의심스럽다.
《논어·선진이(先進)》「공자가 말씀하셨다. 『……너희들이 평소에 말하기를 나를 알아주지 못한다고 하는데 만일 혹시라도 너희들을 알아준다면 어찌하겠느냐?』……(증점이) 『늦은 봄에 봄옷이 이미 다 지어지면 관을 쓴 어른 대여섯 명과 동자 예닐곱 명과 함께 기수에서 목욕하고 서낭당에서 바람을 쏘이고 노래하면서 돌아오겠습니다.』라 말하니 선생님이 아아! 하고 탄식하시더니 『나는 점이의 방식에 동의한다.』라 하셨다.」(子曰 : ……不吾知也! 如或知爾, 則何以哉?……曰 : 莫春者, 春服旣成, 冠者五六人, 童子六七人, 浴乎沂, 風乎舞雩, 詠而歸. 夫子喟然歎曰 : 吾與點也!)

2 | 관탁(盥濯) : 《논어·선진(先進)》편에 「기수에서 목욕하다」(浴乎沂)라는 말이 나오는데, 이 구절에 대하여 주자는 「욕은 세수하고 씻는 것이니, 오늘날 3월 상사일(上巳日 : 삼짇날)에 불제(祓除 : 한 해의 액을 씻어내는 의식)가 그것이다.」(浴, 盥濯也, 今上巳祓除是也)라 하였다.

3 | 윤의(淪漪) : 「淪猗」라고도 한다. 물에서 잔물결이 이는 것을 말한다. 《시경·위(魏)나라의 민요·벌단(伐檀)》「황하의 물 맑고 또 잔물결 인다네.」(河水清且淪猗)

【원운시】

曾點
증점

春服初成麗景遲	봄 옷 갓 완성되었으나 고운 경치 느긋하기만 하여,
步隨流水玩淸漪	흐르는 물 따라 걸으며 맑은 잔물결 즐겼다네.
微吟緩節歸來晩	나지막이 느린 절주 읊조리다 저녁 되어 돌아오며,
一任輕風拂面吹	산들바람 얼굴 스치며 불어오는 대로 맞아보네.

116~118. 奮姪近讀家禮·小學·大學或問, 以詩三首來, 其言若有所感者, 用其韻, 示意云_辛酉

조카 교가 근자에 《가례》와 《소학》, 《대학혹문》을 읽고 시 세 수를 보내왔는데 그 말이 느낀 것이 있는 것 같아 그 시의 각운자를 써서 뜻을 보이노라_ 신유년(1561)

116

民彝家範揭昭明[1] 민 이 가 범 게 소 명	인륜과 치가의 법도 들어 밝게 밝혔으나,
學到殘齡未慊情 학 도 잔 령 미 겸 정	늙을 때까지 배워야 마음 미덥지 않음 없다네.
喜汝少年能感發 희 여 소 년 능 감 발	네 어린 나이에 감발할 수 있음 기뻐하노니,
成人應不墜家聲 성 인 응 불 추 가 성	성인 되어 마땅히 집안의 명예 실추시키지 않으리.

右家禮
위는 《가례》

1 | 민이(民彝) : 하늘이 백성에게 준 떳떳함. 곧 인륜(人倫)과 같은 말이다. 《서경·강고(康誥)》「하늘이 우리 백성에게 주신 떳떳함이 크게 없어져 혼란하게 될 것이다.」(天惟與我民彝大泯亂)

117

養蒙非正長奚通[2] 양 몽 비 정 장 해 통	어리석은 사람 기르는데 올바름 아니면 길이 어찌 통하리?
逐物戕天鳥獸同 축 물 장 천 조 수 동	만물 쫓아 천도 상하게 하면 조수와 같다네.
末俗過防眞自棄[3] 말 속 과 방 진 자 기	말세의 풍속 지나쳐 막아 실로 자포자기하니,
從今銘刻在深衷 종 금 명 각 재 심 충	지금부터 마음 속에 새겨 두려무나.

右小學

위는《소학》

2 | 양몽비정(養蒙非正) :《주역·몽(蒙)》괘의 단사(彖辭)「깨닫지 못한 상태에서 올바름을 기르는 것이 성인의 공이다.」(蒙以養正, 聖功也)

3 | 과방(過防) :《주역·소과(小過)》아래에서 셋째 양효[九三]의 효사「지나치지 않고 그곳을 막으면 따라서 혹 해치기도 하리니 흉하다.」(弗過防之, 從或戕之, 凶)

자기(自棄) :《맹자·이루(離婁) 상》「내 몸은 인에 거하고 의를 따를 수 없다 하는 것을 자기라 이른다.」(吾身不能居仁由義, 謂之自棄也)

118

格致功深萬理通 격 치 공 심 만 리 통	격물과 치지 공효 깊어 온갖 이치 통하고,
誠身澤物本因同 성 신 택 물 본 인 동	성의와 수신 사물에 은택 베품 근본 같다네.
若非啓發前賢力 약 비 계 발 전 현 력	만약 계발이라는 전현의 힘 아니었더라면,
我輩何由識聖衷 아 배 하 유 식 성 충	우리야 어떤 연유로 성현의 속마음 알겠는가?

右大學或問

위는 《대학혹문》

119. 次諸君淸遠臺高會韻[1]

제군이 청원대의 성대한 모임에서 지은 시의 각운자를 써서 짓다

絶巘遊蹤入夢來[2] 절 헌 유 종 입 몽 래	깎아지른 산봉우리 노는 자취 나의 꿈속에 들어오는데,

1 | 제목 다음에 「10월 24일」이라는 세주(細注)가 적힌 초초본(初草本)이 있었다고 한다.(정석태 《연표·3》 143쪽)

청원대(淸遠臺) : 월천(月川) 조목(趙穆)의 《연보》에 의하면 36세 되던 해인 명종 14년(1559) 3월에 지었다. 도산의 부용산(芙蓉山)의 독조동(獨造洞)에 있다. 월천이 38세 되던 해(1561년) 3월에 퇴계에게 올린 편지에서는 「대의 이름은 그때는 아직 일컫지 않았는데 청원으로 부르고 싶습니다. 대체로 염계의 〈애련설〉에서 『향기는 멀어질수록 더욱 맑아진다』는 말을 취하였는데 부용(봉)의 뜻과 어울리는 것 같으며 그곳의 땅이 또한 멀어질수록 맑아진다고 할 만하여 아름다운 이름을 저버리지 않는 것 같습니다.」(臺名, 時未有稱, 欲以淸遠爲號. 蓋取濂溪愛蓮說中香遠益淸之語, 庶協芙蓉之義, 而其處地亦可謂之淸遠, 似不負佳名)라 하였다. 같은 해(1561년, 퇴계 61세) 9월에 퇴계가 월천에게 보낸 편지(〈答趙士敬〉)에 「청원의 모임이 매우 높은 정서에 맞았던 것 같았습니다」(淸遠之會, 甚適高情矣)라는 말이 있는 것으로 보아 이 시를 이때 지었다는 것을 확인할 수 있다.

2 | 절헌(絶巘) : 깎아지른 듯한 매우 높은 산봉우리. 진(晉)나라 장협(張協)의 〈칠명(七命)〉 「이에 높은 곳에 올라 긴 바람 맞이한다네.」(於是登絶巘, 溯長風)

雲山烟水繞含杯[3]
운 산 연 수 요 함 배

구름 낀 산 안개 낀 물
그대들 마시는 술잔 감돌고 있었다네.

只今病脚疎登覽
지 금 병 각 소 등 람

지금은 발병으로
올라 둘러봄 멀리하여,

空羡仙曹集玉臺
공 선 선 조 집 옥 대

공연히 부러워하네, 여러 신선 같은 사람들
옥 같은 누대에 모였음을.

3 | 운산연수(雲山烟水) : 송나라 소식의 〈단 과거 동기생 선군이 덕흥 유씨의 취원루 시를 구하다(單同年求德興兪氏聚遠樓詩)〉「구름 낀 산 안개 낀 물 실로 가까이 하기 어려운데, 들의 풀과 그윽한 꽃은 각기 제 나름으로 봄 이루었다네.」(雲山烟水苦難親, 野草幽花各自春)

120~124. 琴夾之, 遊清凉山回, 攜詩來示, 就和其若干首[1]

금협지가 청량산을 유람하고 돌아와 시를 가지고 와서 보여주어 곧 약간 수에 화답하다

120

出世須同破夢昏
출 세 수 동 파 몽 혼

세상에 벗어남 모름지기
어두운 꿈 깸과 같은데,

遊山何止避人喧
유 산 하 지 피 인 훤

산 유람함 어찌 그치겠는가?
사람들 시끌벅쩍함 피함만을.

舊遊最憶蓮臺寺[2]
구 유 최 억 련 대 사

나의 옛 유람 가운데 가장 생각나는 곳
바로 연대사인데,

風雪連旬靜閉門[3]
풍 설 련 순 정 폐 문

눈 바람 열흘이나 이어져
조용히 문 닫고 있었다네.

右蓮臺寺
위는 연대사

1 | 금협지(琴夾之) : 일휴당(日休堂) 금응협(琴應夾 : 1526~1596)의 자. 금응협에 대해서는 내집 권2 205번 시의 주 1)을 보라. 이 시는 앞의 시보다도 오히려 먼저 지었을 것으로 보인다.(정석태 《연표·3》 143쪽)

2 | 연대사(蓮臺寺) : 《내집》 권3에 보이는데 《요존록》에 의하면 「자소봉(紫霄峯) 아래 연화봉(蓮花峯)의 동쪽에 있다.」고 하였다.

3 | 풍설~정폐문(風雪~靜閉門) : 당나라 조영(祖詠)의 〈여분산장으로 돌아가면서 노상을 남겨두고 떠나다(歸汝墳山莊, 留別盧象)〉「닭과 기장밥 익었을 때 술 마주하였고, 바람과 눈보라 칠 때 문 닫았다네.」(對酒雞黍熟, 閉門風雪時)

121

唐季羅朝摠莫憑[4] 당 계 라 조 총 막 빙	당나라 말기며 신라 왕조에 도무지 의지할 수 없어,
歸來隨處躡雲層 귀 래 수 처 섭 운 층	은퇴하고 이곳저곳 따라다니면서 겹 구름 밟았다네.
可憐萬丈丹崖上 가 련 만 장 단 애 상	아리땁도다, 만 길 붉은 벼랑 위에,
當日襟懷貯雪冰 당 일 금 회 저 설 빙	그날의 속마음이 눈과 얼음으로 쌓였음이.

致遠臺

치원대

4 | 당계라조(唐季羅朝) : 당나라 말기와 신라 시대. 최치원이 활약하던 시기는 당나라 말기와 통일신라 말기이므로 이렇게 말하였다.

122

異人不時出[5] 이 인 불 시 출	기이한 재주 가진 사람 수시로 나오지 않아,
今我想餘風 금 아 상 여 풍	이제 내 남긴 기풍 생각한다네.
抱璞無求世[6] 포 박 무 구 세	박옥 안고서도 세상에서 추구함 없었고,
栖雲早託空[7] 서 운 조 탁 공	구름 속에 깃들어 일찍부터 허공에 기탁하였다네.

5 | 이인불시출(異人不時出) : 당나라 한유의 〈행함의 어려움(行難)〉「성인은 세대마다 걸쳐 나기 어렵고, 현인은 수시로 나기 어렵다.」(聖人不世出, 賢人不時出)

6 | 포박(抱璞) : 《내집》 권1 128번 시의 주 2) 형산옥(荊山玉)을 보라.

7 | 서운(栖雲) : 「棲雲」으로도 표기한다. 바로 위와 같은 책 149번 시의 주 2)를 보라.

鬼雄管城裏[8]
귀 웅 관 성 리

귀신 같은 솜씨 붓글씨 속에 빼어났고,

龍躍墨池中[9]
용 약 묵 지 중

용 같은 기운 벼루 안에서 뛰어 올랐다네.

名比縣崖瀑
명 비 현 애 폭

이름 벼랑에 걸린 폭포에 견주리니,

千秋詎有窮
천 추 거 유 궁

천추에 어찌 끝날 날이 있겠는가?

金生庵[10]

김생굴

8 | 관성(管城) : 관성자(管城子) 관(管)은 대롱으로, 곧 붓을 의인화하여 부른 것이다. 당나라 한유(韓愈)의 〈모영의 전기(毛穎傳)〉「진시황은 몽염으로 하여금 쉽만한 영지를 내리게 하고 관성에 봉하게 하고는 관성자라고 불렀다.」(秦皇帝使恬, 賜之湯沐而封諸管城, 號曰,管城子)

9 | 묵지(墨池) : 붓과 벼루를 씻는 연못을 말한다. 왕희지가 붓글씨를 연습하던 곳에 묵지가 있었다고 전하여진다. 또한 벼루의 먹물이 고이는 곳을 말하기도 하는데 뜻이 확장되어 벼루를 가리키게 되었다. 나중에는 뜻이 변하여 붓글씨를 연습하는 곳을 가리키기도 하였다.

10 | 김생암(金生庵) : 《고증》「김생굴에 있었던 것 같으나, 지금은 없어졌다.」(疑在金生窟, 今廢)

123

白髮星星一病身 백 발 성 성 일 병 신	내 백발은 성성하고 온 몸엔 병 들었으나,
山中曾是讀書人 산 중 증 시 독 서 인	산 속에서는 한때 글 읽는 사람이었었다네.
寒燈靜室夜還晝[11] 한 등 정 실 야 환 주	조용한 밤에 차가운 등불 켜 놓았더니 밤 다시 낮 되고,
細字明窓秋復春[12] 세 자 명 창 추 부 춘	밝은 창 아래서 잔 글자 보노라니 가을 다시 봄 되었다네.
戀係幾番淸夢遶 연 계 기 번 청 몽 요	임금님 그리워하여 몇 번이나 맑은 꿈결에 헤매었던가?
力微猶冀晩功新 역 미 유 기 만 공 신	힘 약한데도 오히려 바랐다네, 만년에 공부 새로워짐만을.
何因得遂重遊計 하 인 득 수 중 유 계	어떻게 하면 다시 올라가 노닐 계책 이룰 수 있어,
與子重開萬卷親 여 자 중 개 만 권 친	그대와 함께 책 펼쳐 놓고 만 권 책 가까이 할 수 있겠는가?
山中讀書有感	산중에서 책을 읽다가 느낌이 있다

11 | 야환주(夜還晝) : 당나라 태종 이세민(李世民)의 〈옛날을 느껴서(感舊賦)〉 「세월 옮겨감이여 추웠다가 다시 더워지고, 해와 달 흘러감이여 밤 다시 낮 되도다.」(歲月運兮寒復暑, 日月流兮夜還晝)

12 | 추부춘(秋復春) : 당나라 이백의 〈한양의 보녹사께 드림(贈漢陽輔錄事)〉 제2수 「거기에는 글자 그다지 많지 않은데, 다만 그리움에 가을되었다가 다시 봄 되었다네.」(其中字數無多少, 祗是相思秋復春)

124

一月攻書寂寞濱[13] 일 월 공 서 적 막 빈	한 달 동안 조용한 물가에서 공부만 하였는데,
歸來身業歎靡新 귀 래 신 업 탄 미 신	돌아오니 몸과 학업 새롭지 못함 탄식하는구나.
勸君欲進須持久 권 군 욕 진 수 지 구	권컨대 그대 앞으로 나아가려면 모름지기 오래도록 지속하여야지,
計較工程卻懷人 계 교 공 정 각 회 인	하는 공부 헤아려 봄에 오히려 나 같은 사람을 생각하랴.

歸家溫繹自歎

돌아와 복습하며 스스로 탄식하다

13 | 적막빈(寂寞濱) : 송나라 왕안석(王安石)의 〈도미령에서 신로에게 부치다(度䕷嶺寄莘老)〉「행함 이미 평생의 학문 허물어졌는데, 꿈에서 오히려 쓸쓸한 물가로 돌아갈 것 생각한다네.」(施為已壞生平學, 夢想猶歸寂寞濱)

125. 寄題權章仲觀物堂[1]

권장중의 관물당에 지어 부치다

觀物須從觀我生[2]
관 물 수 종 관 아 생

사물 살핌 모름지기
내가 행함 살핌에서 시작해야 하리니,

易中微旨邵能明[3]
역 중 미 지 소 능 명

《주역》의 미묘한 뜻
소강절 선생이 밝힐 수 있었다네.

1 | 권장중(權章仲) : 송암(松巖) 권호문(權好文 : 1532~1587)의 자로, 퇴계의 맏형인 이잠(李潛)의 외손자이다. 권호문에 대해서는 내집 권2 184번 시의 주 1)을 보라. 이 시의 원문과 「관물당(觀物堂)」이라는 현판은 모두 퇴계선생의 친필을 판각하여 지금까지 송암종택(안동군 서후면)에 게시(揭示)하고 있다.
관물당(觀物堂) : 《송암집(松巖集)》 권5에 〈관물당기〉가 수록되어 있는데 임술년(1562)년부터 경영하기 시작한 서재로 원래 재(齋)는 관아(觀我), 당(堂)은 집긍(執競)이라고 한 것을 퇴계가 이 이름으로 고쳐주었다고 한다.(경오년 1570년, 퇴계 70세) 따라서 이 시는 퇴계선생 70세 때 지어준 것으로 보인다.(정석태 《연표·4》 670쪽)

2 | 관아생(觀我生) : 《주역·관(觀)괘》 밑에서 셋째 음효[六三]의 괘사 「내가 하는 행동을 살펴서 나아가고 물러간다.」(觀我生, 進退) 정자의 주석[傳] 「『관아생』은 내가 낸다는 것은 자기에게서 나오는 동작과 베풀어 행한 것이 나로부터 나온 것을 이른다. 내는 바를 보아 마땅함에 따라 진퇴하니, 이 때문에 처함이 비록 정도가 아니나 도를 잃음에 이르지 않는 것이다. 때에 따라 진퇴하여 도를 잃지 않기를 구하므로 후회와 허물이 없으니, 순응할 수 있기 때문이다.」(觀我生, 我之所生, 謂動作施爲出於己者. 觀其所生而隨宜進退, 所以處雖非正, 而未至失道也. 隨時進退, 求不失道, 故无悔咎, 以能順也) 주자의 《주역본의(周易本義)》 「『아생』은 내가 행한 것이다.」(我生, 我之所行也)

3 | 소(邵) : 북송 5자의 한 사람인 강절(康節) 소옹(邵雍 : 1011~1077)을 말한다. 저서에 《관물편(觀物篇)》이 있다.

若敎舍己惟觀物[4]
약 교 사 기 유 관 물

만약 나 버려두고
사물만 살펴보게 된다면,

俯仰鳶魚亦累情[5]
부 앙 연 어 역 루 정

솔개 날고 물고기 뛰는 굽어보고 올려다 봄
또한 사사로운 감정에만 얽매이리.

4 | 약교(若敎) : 가령(假令), 설사(設使), 가사(假使) 등과 같은 뜻. 만약 ~한다면.

5 | 부앙연어(俯仰鳶魚) : 《중용》 제12장 「군자의 도는 (用이) 넓고 (體가) 은미하다. 《시경》에 이르기를 『솔개는 날아 하늘에 이르고, 물고기는 연못에서 뛰논다』라 하였으니 상하에서 이치가 밝게 드러남을 말한 것이다.」(君子之道, 費而隱, 詩云鳶飛戾天, 魚躍于淵, 言其上下察也) 《동문선(東文選)》 권3 이홍제(李興悌) 〈큰 땅덩어리(大塊賦)〉 「나는 솔개와 뛰는 고기를 아울러 포괄하며, 예와 지금에 걸쳐 고개를 숙였다가 우러렀다 하면서 두루 살펴보게 되네.」(呑鳶魚之飛躍兮, 亘古今之俯仰)

【참고】 권호문(權好文)의 차운시[6]

敬次先生寄觀物堂韻

삼가 선생의 관물당에 지어부치다라는 시의 각운자를 써서 짓다

萬物都由一本生	만물 모두 하나의 근본에서 생겨났는데,
靜觀形品理何明	조용히 형체와 자품 관조하니 이치 얼마나 밝은가?
自家意思知無間	자신의 사사로운 의사 사이에 파고들 틈 없음 알게 되었으니,
莫道千般各性情	천 가지 성정 제각각이라 말하지 말게나.

6 | 이 시는 《송암집(松巖集)》 권3에 수록되어 있다. 《퇴계선생언행록》 권3 「임술년(1562, 명종17) 가을에 선생이 도산에 있을 때, 한번은 달밤에 사성(士誠)을 불러 천연대(天淵臺)에 올라 〈무이구곡(武夷九曲)〉 시를 외우게 하고는 다음과 같이 시 한 수를 지어 주었다.」

126. 月夜, 登天淵臺, 贈金士純[1] _壬戌

달밤에 천연대에 올라 김사순에게 주다_ 임술년(1562)

半夜游仙夢自回[2] 반 야 유 선 몽 자 회	한밤중에 놀던 신선 되었다가 꿈에서 스스로 돌아와,
起呼幽伴上江臺 기 호 유 반 상 강 대	일어나 그윽한 짝 불러 강가 누대 오른다네.
清風有意迎懷袖 청 풍 유 의 영 회 수	맑은 바람 생각 있어 회포 맞아주고,
明月多情送酒杯 명 월 다 정 송 주 배	밝은 달은 다정하게 술잔 비추어준다네.

1 | 김사순(金士純) : 학봉(鶴峯) 김성일(金誠一 : 1538~1593) 김성일에 대하여 상세한 것은 《내집》 권3 185번 시의 주 1)을 보라.

2 | 유선몽자회(游仙夢自回) : 당나라 백거이(白居易)의 〈궁중에서 숙직을 하다가 꿈에 선유사에서 놀다(禁中寓直夢游仙遊寺)〉「달 떠오르고 맑은 바람 불어오니, 갑자기 산 속의 저녁 같다네. 이에 서남쪽에 있는 선유사 꿈 이루어, 꿈에서 노는 신선 나그네 되었다네.」(月出清風來, 忽似山中夕. 因成西南夢, 夢作遊仙客)

127~128. 題畫梅[1]

매화 그림을 제목 삼아

127

一樹橫斜雪作團[2]
일 수 횡 사 설 작 단

한 나무 가로로 비끼고
눈 둥글게 되었는데,

香肌瘦盡玉生寒
향 기 수 진 옥 생 한

향기로운 살갗 있는 대로 여위었는데
옥 같은 모습 추운 겨울에 생겨나네.

不知疎影傳毫末
부 지 소 영 전 호 말

성긴 그 그림자 가는 붓 끝에서
전하여 질 지 알지 못하였더니,

疑向孤山月下看[3]
의 향 고 산 월 하 간

아마도 고산의 달 아래서
그 모습 살펴보는 듯하네.

1 | 이 시는 62세 되던 해 3월 4~15일 사이에 지은 것으로 보인다.(정석태 《연표·3》 169쪽)

2 | 일수횡사(一樹橫斜): 주자의 〈전촌매(前村梅)〉 「온 숲 잎 흔들려 떨어짐 오늘 이와 같거늘, 한 그루 나무만 비스듬히 기울었으니 홀로 뜻 맞는 이라네.」(千林搖落今如許, 一樹橫斜獨可人)

3 | 고산(孤山): 항주의 서호 근처에 있다. 송나라의 은사 임포(林逋)가 이곳에 초막을 짓고 매화를 심고 학을 기르며 살았는데 그의 〈산원소매(山園小梅)〉라는 시에 「맑고 얕은 물 위에 성긴 그림자 가로 비끼고, 황혼녘 달빛 속에 은은한 향기 떠도누나.」(疏影橫斜水淸淺, 暗香浮动月黄昏)라는 구절이 있다. 퇴계의 이 시는 매화 그림이 꼭 그러한 풍경을 보는 듯하다고 생각하고 지은 것이다.

128

玉人頩頰出天姿[4]
옥 인 병 협 출 천 자

옥 같은 사람 뾰로통한 빰
하늘의 자태에서 나왔는데,

肯恐冰容不入時
긍 공 빙 용 불 입 시

걱정할 것 있으랴 얼음 같은 용모
시속에 들지 않음.

可笑坡仙嘲石老[5]
가 소 파 선 조 석 로

소동파가 석연년
비웃음 가소롭기만 한데,

4 | 옥인~출천자(玉人~出天姿) : 《초사·멀리 나가 놂(遠遊)》「옥색 화난 듯 붉어 얼굴 윤택함이여, 정신이 깨끗하고 기가 비로소 솟네.」(玉色頩以脕顔兮, 精醇粹而始壯) 송나라 소식의 〈홍매(紅梅)〉 제3수 「붉은 솥 환골탈태 어느 것이 보배인가? 옥 같은 사람 뾰로통한 빰 더욱 맵시 나네.」(丹鼎奪胎那是寶, 玉人頩頰更多姿) 조차공(趙次公)의 주석 「『頩』의 음은 병[普經切]이다. 《박아》에서는 『병(頩)은 화난 얼굴이다』라고 하였다. 옥인이 노하면 빰이 붉어지므로 홍매에 비유한 것이다.」(頩, 普經切. 博雅, 頩, 怒色也. 玉人怒則頰紅, 故以比紅梅也)

5 | 석로(石老) : 송나라 석연년(石延年 : 994~1041)을 말한다. 송성(宋城) 사람으로 자는 만경(曼卿) 또는 안인(安仁)이다. 《석만경시집(石曼卿詩集)》 1권이 있다. 이 밖의 《문슬암장단구(捫蝨庵長短句)》를 남겼다고 하는데 전하여오지 않고 《전송사(全宋詞)》에 사 2수가 실려 있다.

却緣花惱自成癡[6]
각 연 화 뇌 자 성 치

오히려 꽃에 홀리어
절로 바보 되었다네.

紅梅
홍매

6 | 긍공~성치(肯恐~成癡) : 송나라 소식의 〈홍매(紅梅)〉 제1수 「잠 탐하다 홀로 늦게 필까 시름스럽고, 얼음 같은 용모 시속에 들지 않음 스스로 걱정하네. …… 시 짓는 늙은이 매화 품격 있음 모르고, 푸른 잎과 파란 가지만 보았구나!」(怕愁貪睡獨開遲, 自恐冰容不入時……詩老不知梅格在, 更看綠葉與青枝) 소식 자신의 주석 「석만경의 〈홍매시〉에서는 『복숭아꽃인 줄 알았는데 푸른 잎이 없고, 살구꽃인 줄 알았더니 보니 가지가 파랗네.』라는 구절이 있다.」(石曼卿紅梅詩云, 認桃無綠葉, 辨杏有青枝) 왕문고(王文誥)의 주석 「본집에서 영물시를 논하여 석만경의 이 (〈홍매시〉의) 연을 지극히 비루한 말투로 생각하여 곧 시골 서당에 있는 시체이다라 하였다.」(本集論詠物詩, 以曼卿此聯爲至陋語, 乃村學堂中體. 又梅花詩) 역시 소식의 〈진태허(秦觀)의 매화 시에 화답하다(和秦太虛梅花)〉 「동파 선생 심신 이미 지쳐버렸으니, 그대 시를 사랑하다가 그만 꽃병 들었음이라네.」(東坡先生心已灰, 為愛君詩被花惱)

129. 贈趙忠男_甲子○忠男靜庵從孫[1]

조충남에게 드림_ 갑자년(1564) ○ 충남은 정암의 종손자이다

常□儀鳳瑞王庭[2]
상 □ 의 봉 서 왕 정

늘 춤추는 봉황 왕의 궁정
　상서롭게 하기를 (생각)하였는데,

1 | 조충남(趙忠男) : 허목(許穆)이 지은 조충남의 유사(遺事)에 의하면 조충남(趙忠男)은 그 선계(先系)가 한양(漢陽) 사람으로, 조광조(趙光祖) 형제의 자손이라고 한다. 자기 몸을 깨끗이 지니고 더럽히지 않으면서 세상에 은둔(隱遁)하였으므로 세상 사람들이 그를 알지 못하였다. 오직 유성룡(柳成龍)과 이원익(李元翼)만이 마음으로 서로 허여(許與)하여 칭찬하기를 「고상한 행실이 있는데도 세상에 은둔한 사람이다.」고 하였다. 병 때문에 벙어리가 되었노라고 칭탁(稱託)하고서 남들과 더불어 말을 하지 않으려고 하였으며, 무릇 인물(人物)의 선악(善惡)과 사정(邪正)과 득실(得失)에 대해서는 일체 모두 빈축(嚬蹙)과 웃음으로써 속마음을 드러내 보였는데, 그가 빈축했던 자들은 그 사람이 뒤에 하나하나 모두 패(敗)하였고, 그가 웃었던 자들은 모두 영예(令譽)롭게 살다가 죽은 자들이었으니, 그 또한 기이하다고 하겠다. 이익은 그런 그를 모델로 하여 〈빈소선생전([嚬笑先生傳)〉을 짓기도 하였다. 이 해 겨울에 조충남은 퇴계선생에게 부탁한 〈조정암 선생 행장〉을 확인하기 위하여 찾아온 것으로 보인다.(정석태 《연표·3》 324쪽)

2 | 결자(缺字)는 두주(頭注)에는 빠진 자가 「생각 사」(思)자로 되어 있다고 하였다.
의봉(儀鳳) : 봉황을 달리 일컫는 말. 《서경·익직(益稷)》 「소소를 아홉 번 연주하자 봉황이 와서 춤을 추었습니다.」(簫韶九成, 鳳皇來儀)

玉樹今逢尙典刑[3]
옥 수 금 봉 상 전 형

옥 나무 오늘 만나보니
오히려 훌륭한 그 어른 모습 닮았구나.

盛美揄揚吾豈敢
성 미 유 양 오 기 감

(행장에) 크게 꾸미고 마구 선양함
내 어찌 감히 그렇게 할 수 있겠는가?

雪霜千里愧君行
설 상 천 리 괴 군 행

눈과 서리 천릿길
그대 찾아온 걸음에 부끄럽구나.

3 | 옥수(玉樹) : 남의 훌륭한 자제를 칭찬하여 일컫는 말. 남조 송나라 유의경(劉義慶)의 《세설신어·언어(言語)》「사태부[謝安]가 여러 자제와 조카들에게 묻기를 『너희들은 또한 어떻게 남의 일에 참여하여 그들을 훌륭하게 만들고자 하느냐?』라고 하자, 아무도 말하는 자가 없었는데 사거기[謝玄]가 대답하여 말하기를 『비유하자면 지란과 옥수를 그들의 섬돌과 뜰에서 자라게 하고자 할 따름입니다.』라 하였다.」(謝太傅問諸子姪, 子弟亦何預人事, 而正欲使其佳? 諸人莫有言者. 車騎答曰, 譬如芝蘭玉樹, 欲使其生於階庭耳)

130. 無題_癸亥

제목 없이_ 계해년(1563)

一枕寒更穩睡眠[1] 일 침 한 경 온 수 면	겨울밤에 한 잠 청하여 편안히 잠들었는데,
夢中神旺若登仙 몽 중 신 왕 약 등 선	꿈속에 정신 왕성하여 날아오르는 신선 같네.
起來手拓南囪看[2] 기 래 수 척 남 창 간	일어나 손으로 남쪽 창문 밀치고 보니,
風定空山月滿川 풍 정 공 산 월 만 천	빈 산에 바람 잦아들었고 달 내에 가득하네.

1 | 한경(寒更) : 추운 밤의 경(更 : 1경에서 5경까지)의 시간대. 추운 밤을 나타내는 말.

2 | 수탁남창간(手拓南囪看) : 탁(拓)은 밀치는 것을 말한다. 여기서는 창문을 밀쳐서 여는 것을 말한다. 당나라 두보(杜甫)의 〈늦가을에 소씨네 다섯째 아우 영의 강가 누대에서 밤에 연회를 하다(季秋蘇五弟纓江樓夜宴)〉 제2수 「노래 듣다가 백발에 깜짝 놀라, 웃고 춤추며 가을 창 밀친다네.」(聽歌驚白鬢, 笑舞拓秋窗)

131. 題權參贊柱墓道[1]

참찬 권주 어른의 묘도에 적다

明夷蒙難豈非天[2]
명 이 몽 난 기 비 천

명이괘 어려움 무릅씀
어찌 하늘의 뜻 아니리오?

1 | 권주(權柱 : 1457~1505) : 본관은 안동(安東)고, 자는 지경(支卿)이며 호는 화산(花山)이다. 성종 5년(1474) 진사시에 합격하였고, 1481년 친시 문과(親試文科)에 갑과로 급제하였다. 이듬해에 승정원주서(承政院注書)로 관로에 나서 공조정랑과 지평(持平), 사간원헌납(司諫院獻納), 응교를 역임하였다. 이후 통훈대부에 오르면서 직제학지제교 겸 경연시강관을 지냈다. 경상도관찰사로 있을 때 갑자사화가 일어났는데 연산군 생모인 폐비 윤씨의 사사(賜死) 때에 승정원주서로 사약을 받들고 갔다는 이유로 파직되었고 결국 사사되었다. 퇴계의 장인인 권질(權礩)의 부친으로 내집 권46의 〈봉훈랑행광흥창봉사권공묘갈명(奉訓郞行廣興倉奉事權公墓碣銘)〉에 이러한 사실이 언급되어 있다.

이 시는 63세 3월 1~2일 경에 풍산의 가곡(佳谷) 선원산(仙原山)에 있는 묘소에 참배하고 3일에 지은 것으로 본다.(정석태 《연표·3》 230, 233쪽)

2 | 명이몽난(明夷蒙難) : 《주역》의 64괘 중 하나로 태양이 땅속에 있어서 어둠이 온 세상을 덮은 모양이다. 어려움에 처한 현인 지사를 가리키는 말로 쓰인다. 《주역·명이괘(明夷卦)》「안은 문명하고 밖은 유순하여 큰 환난을 무릅썼으니, 문왕이 이것을 사용하였다.」(內文明而外柔順, 以蒙大難, 文王以之) 당나라 유종원의 〈기자비(箕子碑)〉「그러므로 《역》에서 『기자가 마음을 어둡게 하였다』 하였으니 이것이 바로 어려움을 당한 것이다.」(故在易曰, 箕子之明夷, 正蒙難也) 여기서는 권주가 연산군 때 파직되고 사사된 것을 비유하였다.

茂柏深松鎖翠烟[3] 무 백 심 송 쇄 취 연	무성한 측백나무며 빽빽한 소나무 푸른 안개에 잠겼다네.
節行他年應有史 절 행 타 년 응 유 사	절개며 행실이야 훗날 마땅히 역사로 남겠지만,
文章千古恨無傳 문 장 천 고 한 무 전	문장 영원히 전하여지지 않음 한스럽다네.

3 | 무백심송(茂柏深松) : 측백나무와 소나무는 모두 무덤 주위에 많이 심는 나무로 곧 무덤을 말한다. 《남제(南齊)의 역사·왕승건(王僧虔)의 전기》「귀신은 다만 빽빽한 소나무와 무성한 잣나무만 사랑할 줄 알지 자제들을 헐고 예찬하는 일이야 어찌 알겠는가!」(鬼唯知愛深松茂柏, 寧知子弟毁譽事)

132. 過月川[1]

월천에 잠시 들르다

月潭西畔月川村[2]
월 담 서 반 월 천 촌

풍월담 서쪽 가의
다래 마을,

鬱鬱蒼雲護蓽門[3]
울 울 창 운 호 필 문

뭉게뭉게 검푸른 구름
대나무 엮어 만든 문 지키네.

中有畸人好書癖[4]
중 유 기 인 호 서 벽

그 가운데 기이한 사람
책을 좋아하는 버릇 있는데,

客來枯吻對牀論[5]
객 래 고 문 대 상 론

손님 오면 입술 말라가며
책상 마주하고 토론한다네.

1 | 월천(月川) : 도산서원 앞을 흐르는 낙동강을 지나 부용봉 아래에 있는 마을인데, 조목이 호로 삼았다.

2 | 월담(月潭) : 《내집》 권3 137. 〈조목(趙穆)에게 드림(贈趙士敬)〉에 보면 만담풍월(滿潭風月)이란 구절이 나오는데, 《고증》에서는 「부용봉 아래에는 풍월담이 있다.」(芙蓉峯, 有風月潭)라 하였다.

3 | 필문(蓽門) : 쑥대를 엮어 만든 문과 대나무를 쪼개어 만든 문이란 뜻의 봉호필문(蓬戶蓽門)을 줄인 말. 《예기·선비의 행실(儒行)》에 보인다. 상세한 것은 《내집》 권1 〈10〉— 5)를 보라.

4 | 기인(畸人) : 보통 사람들의 행동과는 달라서 세속(世俗)에는 잘 어울리지 못하나 하늘의 뜻에는 부합한다는 특수한 사람. 《장자·대종사(大宗師)》에 보인다. 상세한 것은 《내집》 권1 〈49〉— 2)를 보라.

5 | 고문(枯吻) : 《문선(文選)》 권17 육기(陸機)의 〈문부(文賦)〉 「처음에는 망설이며 입술이 말랐더니, 문장은 마침내 먹물 적신 붓끝에서 나오네.」(始躑躅於燥吻, 終流離于濡翰)

133~140. 題安堅所畫山水帖[1]

안견이 그린 산수화첩에 적다

133

山前茅店樹冥冥[2] 산 전 모 점 수 명 명	산 앞의 띠로 이은 가게 나무속에 어둑어둑한데,
臨水柴門午不扃 임 수 시 문 오 불 경	물 굽어보는 사립문 낮에도 닫지 않았다네.
小市販鮮翁未返 소 시 판 선 옹 미 반	작은 저자에선 생선 파는데 늙은이 아직 돌아오지 않았고,
家人排網滿沙汀 가 인 배 망 만 사 정	집안 사람들 펼쳐놓은 그물 모래톱에 가득하네.

1 | 안견(安堅 : ?~?) : 본관은 지곡(池谷)이며, 자는 가도(可度), 득수(得守), 호는 현동자(玄洞子) 또는 주경(朱耕)으로 세종 조에서 세조 때까지 활약한 조선 초기의 화가. 세종 때 도화원(圖畫院)의 종6품 벼슬인 선화(善畵)에서 체아직(遞兒職)인 정4품 호군으로 승진되었다. 안평대군(安平大君)을 섬기면서 안평대군이 소장하고 있던 고화(古畵)들을 섭렵함으로써 자신의 화풍을 이룩하는 토대로 삼았다. 대표작으로는 〈몽유도원도(夢遊桃源圖)〉가 있다.
이 시는 63세에 지은 것으로 보나 날짜는 알 수 없다.(정석태 《연표·3》 275쪽)

2 | 모점(茅店) : 띠로 지붕을 인 여관. 허름함을 말한다.

134

山橫盾劒樹虯龍
산 횡 순 검 수 규 룡

산에는 방패와 검 걸쳐 있는 듯하고
나무는 이무기 같은데,

野水漫漫接遠空
야 수 만 만 접 원 공

들판의 물은 질펀하게
먼 하늘과 닿아 있네.

何許孤舟來晚泊[3]
하 허 고 주 래 만 박

어디쯤에서 외로운 배
와서 저녁에 정박하는가?

無家無住一漁翁
무 가 무 주 일 어 옹

집도 머물 곳도 없이 떠도는
한 어부 늙은이 탔네.

135

蓮嶽峩峩竹院空[4]
연 악 아 아 죽 원 공

연꽃 같은 산악은 삐죽삐죽
대나무 정원은 비었는데,

何人栖遯欲長終[5]
하 인 서 둔 욕 장 종

어떤 사람이기에 여기 머물고 숨어
오래오래 살려고 하는가?

3 | 고주래만박(孤舟來晚泊) : 당나라 손적(孫逖)의 〈봄날 남겨두고 헤어지다(春日留別)〉「봄 길 버드나무 꽃 앞으로 구불구불한데, 외로운 배는 저녁에 대더니 인가의 연기 속으로 나아가네.」(春路逶迤花柳前, 孤舟晚泊就人煙)

4 | 연악아아(連嶽峩峩) : 한나라 장형(張衡)의 〈서경부(西京賦)〉「화산은 삐죽삐죽 하고, 언덕과 산은 들쭉날쭉합니다.」(華嶽峩峩, 岡巒參差)

5 | 장종(長終) : 죽는다는 뜻도 있으나 여기서는 신선과 같이 오래 산다는 뜻. 송나라 소식의 〈적벽(赤壁賦)〉「날아다니는 신선을 끼고서 즐겁게 놀고 밝은 달을 껴안고서 오래도록 이어가리.」(挾飛仙以遨遊, 抱明月而長終)

洞門不是羊裘輩[6]
동 문 불 시 양 구 배

동구 밖은 양중과
구중 같은 무리 아니니,

那肯來尋絶世蹤
나 긍 래 심 절 세 종

어찌 기꺼이 와서 찾겠는가?
속세와 사절한 사람들의 발자취를.

136

風雲陣陣雨翻盆[7]
풍 운 진 진 우 번 분

구름과 바람 계속 이어지고
비는 동이로 퍼붓는 듯하여,

亂眼山川失塢村
난 안 산 천 실 오 촌

눈 어지러워 산천 분간할 수 없고
둑 마을도 어디쯤인지 알 수 없다네.

一夕漁樵渾未得[8]
일 석 어 초 혼 미 득

저녁 내내 고기잡이
도무지 이루지 못하였으니,

玄眞心事宛餘痕[9]
현 진 심 사 완 여 흔

현진자와 같은 마음씨
완연하게 흔적 남았다네.

6 | 양구(羊裘) : 양중(羊仲)과 구중(裘仲)을 말하며 보통 은자를 가리키는 말로 쓰인다. 한나라 말기에 연주자사(兗州刺史)를 지낸 적이 있는 장후(蔣詡)가 사직하고 고향으로 돌아와 이들 두 사람하고만 왕래를 하였다고 한다. 상세한 것은 《내집》 권1 〈87〉—7)를 삼경(三徑) 조를 보라.

7 | 우번분(雨翻盆) : 당나라 두보의 〈백제(白帝)〉 「백제성에서 구름 성문 나서더니, 백제성 아래서 비 동이로 퍼붓듯 하네.」(白帝城中雲出門, 白帝城下雨翻盆)

8 | 어초(漁樵) : 글자 그대로는 「고기 잡고 나무 한다」는 뜻이지만 여기서는 뒷 글자의 뜻은 없는 편의복사(偏意複詞)로 쓰였다.

9 | 현진(玄眞) : 《고증》 「당나라 장지화(張志和 : 732~810)는 호가 현진자인데, (시간을 유유자적하게 보내는 데나 관심이 있지, 고기 자체를 잡는 데는 마음이 없어) 미끼 없는 낚시를 드리웠다.」(唐張志和號玄眞子, 垂釣不設餌) 장지화는 스스로를 연파조수(烟波釣叟)라 일컬으며 어부로 살았는데, 〈어부가(漁夫歌)〉라는 사(詞)로 유명하다.

137

天外羣山遠欲無
천 외 군 산 원 욕 무

하늘 바깥 뭇 산들
멀어서 없어지려는 듯하여,

眼窮千里盡江湖[10]
안 궁 천 리 진 강 호

천리에 눈길 다하여
강호 다 살펴본다네.

太平煙火漁亭晚
태 평 연 화 어 정 만

태평스런 연기 불 저녁에
고기잡이 정자에 피어오르는데,

酒熟船歸滿意沽
주 숙 선 귀 만 의 고

술 익어 배 돌아가니
팔 뜻 가득하다네.

138

草亭佳處倚江濱
초 정 가 처 의 강 빈

풀로 이은 정자는 아름다운 곳 잡아
강가에 기대어 있는데,

縹緲相招趁景人
표 묘 상 초 진 경 인

아득하니 경치 찾으러 다니는 사람
한결같이 부르고 있다네.

崖路策驢尋樹塢
애 로 책 려 심 수 오

벼랑길 나귀 채찍질하며
나무 심은 방죽 찾는데,

野船撓棹指烟津
야 선 요 도 지 연 진

마을의 배 노 저으면서
안개 낀 나루 가리키네.

10 | 안궁~진강호(眼窮~盡江湖) : 당나라 왕지환(王之渙)의 〈관작루에 오르다(登鸛鵲楼)〉 「천리 먼 곳 다 보고자 하여, 다시 누대를 한 층 더 오른다네.」(欲窮千里目, 更上一層樓)

139

怪樹依巖水抱山
괴 수 의 암 수 포 산

괴이한 나무 바위에 기대어 있고
물은 산 끼고 있는데,

人間何境許寬閒
인 간 하 경 허 관 한

인간 세상 어떤 경치가
저만큼 여유있고 한가로울까?

野亭無主吾當主
야 정 무 주 오 당 주

들판의 정자 주인 없어
내 주인으로 마땅하니,

月艇烟簑老一竿
월 정 연 사 로 일 간

달빛 받은 배 안개 머금은 도롱이
늙은이 낚싯대 하나 드리웠다네.

140

一眼山川玉界寒
일 안 산 천 옥 계 한

온 눈에 드는 산천
하늘 차갑기만 하고,

人家遙認有無間
인 가 요 인 유 무 간

인가 아득히
있는 듯 없는 듯하네.

不知驢背行吟客
부 지 려 배 행 음 객

알지 못하겠네, 나귀 등의
길 가며 읊조리는 나그네,

料理清愁許我看
요 리 청 수 허 아 간

맑은 근심 헤아려
나에게 보여줄 지.

141~143. 寄亦樂齋諸君文會[1]_甲子○諸人構茅舍於西麓, 名曰亦樂

역락재 제군의 글 모임에 부치다_ 갑자년(1564) ○ 여러 사람이 서쪽 기슭에 띠집을 얽고 역락이라 불렀다

141

依巖臨水剏茅齋[2] 의 암 임 수 창 모 재	바위에 기대고 물 바라보게 띳집 열어,
負笈□□幾往來[3] 부 급 □ □ 기 왕 래	책 상자 짊어지고 □□ 몇 번이나 왕래하였던가?
病廢攻書吾所歎 병 폐 공 서 오 소 탄	병 들어 책 공부 그만둠을 내 탄식하는 바이니,
百千功力付羣才 백 천 공 력 부 군 재	무수한 공부 여러분의 재주에 맡기네.

1 | 역락재는 퇴계의 자주(自註)로 보면 여러 사람이 함께 지은 것으로 되어 있으나, 실은 지헌(芝軒) 정사성(鄭士誠; 1545~1607)이 입학할 당시 농운정사의 시설이 부족하여 그의 부친이 별관의 형태로 지어 준 것이다. 서록은 곧 서취병산의 기슭을 말한다. 《내집》 권3의 50번 시 〈도산잡영·서취병산〉을 참조하라

2 | 의암임수(依巖臨水) : 《남사·왕홍지(王弘之)의 전기》에 「시령의 옥천에는 아름다운 산수가 있었는데 왕홍지는 또한 바위를 끼고 집을 지었다. 이에 사령운과 안연지가 아울러 서로 부러워하고 중시했다.」(始寧沃川有佳山水, 弘之又依巖築室. 謝靈運、顏延之並相欽重)

3 | 빠진 두 글자는 《도산잡영》에 의하면 「서로 좇으며」(相從)로 되어 있다.
부급상종(負笈相從) : 송나라 소식의 〈호도사에게 답하다(答胡道師)〉 「도사께서는 또한 수백 리 길을 멀다 않고 책 상자를 지고 (나에게) 좇아오셔서 촛불을 잡고 마주하니 황홀하기가 꿈꾸는 것 같았습니다.」(道師又不遠數百里負笈相從, 秉燭相對, 恍如夢寐)

142

羣居樂事問如何 군 거 락 사 문 여 하	여럿이 함께 생활하는 즐거운 일 묻건대 어떠한가?
亦在劬書共切磨[4] 역 재 구 서 공 절 마	또한 열심히 공부하며 함께 갈고 닦는데 있겠지.
獨臥溪莊思不歇 독 와 계 장 사 불 헐	홀로 퇴계의 집에 누워 있자니 생각 그치지 않고,
滿川風月釣臺峩[5] 만 천 풍 월 조 대 아	온 천지에 달과 바람 가득하니 낚시터 우뚝하겠네.

4 | 절마(切磨) : 끊임없이 덕을 닦는 것을 말한다. 《시경·위(衛)나라의 민요·기수의 물굽이(淇奧)》「깨끗하신 우리 님, 깎고 다듬고, 쪼고 간 듯하시네.」(有匪君子, 如切如磋, 如琢如磨)

5 | 독와~풍월(獨臥~風月) : 주자의 〈적계 호헌(胡憲) 어르신과 유공(劉珙)에게 부침(寄籍溪胡丈及劉恭父)〉「그윽한 은자만 남겨 두어 빈 골짜기에 눕게 하니, 온 천지(天地)에 가득한 바람과 달 사람들로 보게 하네.」(留取幽人臥空谷, 一川風月要人看) 이 시에 나오는 만천(滿川)의 「川」은 인용한 주자 시의 「一川」의 「川」과 같이 천지라는 뜻이다. 여기서 「조대」(釣臺)는 도산서당에 있는 낚시터를 가리킬 것이니, 곧 도산서당을 말하는 것 같다. 퇴계의 집에 누워 있으면서 제자들이 모여 있는 서당을 생각한 것이다.

143

近聞諸子各言歸 근 문 제 자 각 언 귀	요즘 듣자니 제군들 각기 돌아가겠다 하는데,
歸去求之信有師 귀 거 구 지 신 유 사	돌아가서 탐구한다면 정말 스승 있으리.
能到寸陰堪惜處[6] 능 도 촌 음 감 석 처	짧은 시간이나마 아깝게 여길 만한 경지에 이를 수 있다면,
此間眞樂漸因知 차 한 진 락 점 인 지	이 경지의 참된 즐거움 조금씩 알게 되리라.

6 | 촌음감석처(寸陰堪惜處) : 아주 짧은 시간을 말한다. 한나라 회남왕 유안(劉安)의《회남자·도의 근원에 대한 가르침(淮南子·原道訓)》「성인은 한 자 짜리 벽옥을 귀하게 생각하지 않았으며 한 치의 짧은 시간을 중히 여겼다. 때는 얻기는 어려우나 잃기는 쉽다.」(聖人不貴尺之璧, 而重寸之陰, 時難得而易失也)《진서·도간(陶侃)의 전기》「늘 사람들에게 말했다.『우임금은 성인인데도 짧은 시간을 아꼈으니 뭇 사람들은 당연히 나누어진 짧은 시간을 아껴야한다. 어찌 마음껏 놀며 술에 빠져 취하겠는가? 살아서 당시 세상에 도움이 되지 못하고 죽어서 나중에 이름이 알려지지 않는다면 이는 곧 자포자기하는 것이다.』」(常語人曰, 大禹聖者, 乃惜寸陰, 至於衆人, 當惜分陰, 豈可逸遊荒醉, 生無益於時, 死無聞於後, 是自棄也)

144~147. 南冥曹君楗仲·淸香李君君浩, 與余皆生於辛酉. 近, 李君寄示南冥一絶, 幷其詩三絶, 其言深有感於老懷. 次韻, 寄李君, 兼示南冥云[1]

남명 조건중과 청향 이군 군호는 나와 함께 모두 신유년(1501)에 태어났다. 근자에 이군이 남명의 절구 한 수 및 그가 지은 절구 세 수를 부쳐서 보여 주었는데 그 말이 늙은이의 마음에 느낌 매우 많았다. 같은 각운자를 써서 지어 이군에게 부치고 아울러 이군에게도 보여주노라

144

三人初度有誰知[2]
삼 인 초 도 유 수 지

세 사람 처음 태어난 해를
누가 알았으리오?

1 | 남명조군건중(南冥曹君楗仲) : 조식(曺植 : 1501~1572)의 자는 건중(楗仲)이며, 남명(南冥)은 호다. 본관은 창녕(昌寧). 경상우도의 거유(巨儒)로 을사사화 때부터 은거하며 강학을 일삼았다. 학문은 반궁실천(反躬實踐)과 지경실행(持敬實行)을 중시하였다. 《남명집》을 남겼고 시호는 문정(文貞)이다.

이군호(李君浩) : 이원(李源 : 1501~1568)의 자. 청향(淸香)은 그의 호이다. 합천 출신으로 과거시험에는 전혀 뜻을 두지 않은 채 평생을 학문 연구에만 몸담았다. 남명 조식 및 퇴계와 교유하였으며, 명종 때 곤양훈도(昆陽訓導)에 천거되었으나 끝내 사양하고 벼슬길에 나아가지 않았다.

64세 6월 1일에 지었다.(정석태 《연표·3》 309쪽)

2 | 초도(初度) : 초나라 굴원(屈原)의 〈슬픔을 만나다(離騷)〉「돌아가신 아버지 내 처음 난 것을 헤아리어, 비로소 나에게 아름다운 이름 지어주셨네.」(皇覽揆予于初度, 肇錫予以嘉名)

先甲三年酉是期 선 갑 삼 년 유 시 기	갑자년 삼 년 앞인 바로 신유년이라네.
邈阻頭流與培養[3] 막 조 두 류 여 배 양	까마득히 두류산과 배양산 막혀 있으니,
可無相憶遞傳詩 가 무 상 억 체 전 시	서로 그리워하며 시 바꾸어가면서 전하지 않을 수 있겠는가?

145

頭白相知豈謂新 두 백 상 지 기 위 신	흰 머리에 서로 알게 되었으나 어찌 처음이라 이르리?
詩來驚破一軒春 시 래 경 파 일 헌 춘	시 오니 깜짝 놀랐네, 온 정자에 봄 온 듯하여.
自慚昏病年來甚 사 참 혼 병 년 래 심	스스로 부끄럽네, 혼미한 병 근년 들어 심하여짐,
卻道功深艮背人 각 도 공 심 간 배 인	오히려 말하랴, 공부 깊어 뻣뻣하게 사람들 저버렸노라고.

3 | 배양(培養) : 《고증》 「(경남) 단성에 있으며 이원이 사는 곳이다.」(在丹城, 李公所居地)

146

同庚霜雪滿頭吹[4] 동 경 상 설 만 두 취	동년생들 서리와 눈 온 머리에 불어오니,
共歲今方百九奇[5] 공 세 금 방 백 구 기	나이 합하면 지금 바야흐로 백 아흔 하고도 남는다네.
安得孟韓俱變化[6] 안 득 맹 한 구 변 화	어떻게 하면 맹교와 한유처럼 함께 변화하여,
雲龍相逐不相離 운 룡 상 축 불 상 리	구름과 용 서로 좇아 떨어지지 않게 되리.

4 | 동경(同庚) : 같은 해에 태어남, 곧 동갑을 말한다. 위 〈93〉—1)을 보라.

5 | 공세~백구기(共歲~百九奇) : 《고증》「이때 선생의 나이가 64세였으므로, 두 분의 나이와 합하면 192세가 된다.」(案, 先生時年六十四, 幷二公壽, 爲百九十二)

6 | 맹한~불상리(孟韓~不相離) : 당나라 한유의 〈취하여 맹동야를 만류하다(醉留東野)〉「내 바라건대 나는 구름이 되고, 맹동야는 용으로 변하였으면. 사방천지 맹동야를 좇으면, 비록 이별한다 하여도 만날 길 없겠는가?」(我願身爲雲, 東野變爲龍. 四方上下逐東野, 雖有離別無由逢)

147

莫恨光陰向老催
막 한 광 음 향 로 최

세월 늙어감 재촉한다
한스러워하지 말라,

雲山同是隔塵埃
운 산 동 시 격 진 애

구름과 산 마찬가지로 즐기지만,
속세의 흙먼지만 떨어져 있다네.

陶欣松竹爲三益[7]
도 흔 송 죽 위 삼 익

도연명 기꺼이 솔과 대나무
세 유익한 벗으로 삼았고,

杜狎鸕鷀詠百回[8]
두 압 로 자 영 백 회

두보 가마우지와 친하여
백 번씩 돌아오라 읊었다네.

7 | 도흔~위삼익(陶欣~爲三益) : 삼익(三益)은 원래 《논어·계씨(季氏)》에 나오는 말로 유익한 세 벗 곧 「곧고 성실하고 견문이 많은」(友直, 友諒, 友多聞) 벗을 말하는데 여기서는 삼경(三徑)을 말한다. 진나라의 도연명은 서한(西漢)의 장후(蔣詡)를 본받아 소나무를 심은 길[松徑]과 국화를 심은 길[菊徑], 대나무를 심은 길[竹徑]인 삼경(三徑)을 만들었다. 그의 〈귀거래사(歸去來辭)〉에 보면 「뜰의 세 오솔길에는 풀 우거졌어도, 소나무, 국화는 그대로라네.」(三徑就荒, 松菊猶存)라는 구절이 있다.

8 | 두압~영백회(杜狎~詠百回) : 당나라 두보의 〈절구 세 수(三絶句)〉의 제2수 「문밖 가마우지가 오래도록 찾아오지 않더니, 모래 벌 앞에서 갑자기 나타나 눈이 의심스럽네. 지금부터는 사람의 마음 알아, 하루에도 일 백 번씩 찾아왔으면.」(門外鸕鷀鳥久不來, 沙頭忽見眼相猜. 自今以後知人意, 一日須來一百回)

【참고】 조식의 화운시

和淸香堂詩

청향당의 시에 화답하다

四同應不在新知
사 동 응 불 재 신 지

타고난 사주가 똑같으니 마땅히 새롭게
서로 알게 됨 그렇게 중요하지 않을 것이며,

擬我曾於鍾子期
의 아 증 어 종 자 기

나 일찍이 그대를 내 마음 알아주는
종자기에 견주어 보았다네.

七字五言金直萬
칠 자 오 언 금 치 만

일곱 자와 오언 시
만금의 가치 있어,

傍人看作一篇詩
방 인 간 작 일 편 시

옆의 사람 한 편의 《시경》의 시와 같은
명작 시로 본다네.

148. 贈金上舍士純_乙丑 ○ 余時溪居, 士純自陶山往來, 不避暑溽

김 상사 사순에게 주다_ 을축년(1565) ○ 나는 당시 퇴계에 거처하였는데 사순이 도산에서 왕래하면서 무더위도 피하지 않았다

少日天開一念明
소 일 천 개 일 념 명

하늘이 열리어 나의
모든 생각 밝은 날이 드물었는데,

中間多病久迷行
중 한 다 병 구 미 행

중간에 병이 많아
오래도록 길 헤매었다네.

迷時堪歎途道儉[1]
미 시 감 탄 도 도 검

헤맬 때는 길
험하다 한숨 쉴 만했는데,

悟後不知軒冕榮[2]
오 후 부 지 헌 면 영

깨달은 후에는 알지 못하였다네,
수레와 면관 영화로움을.

1 | 도도검(道途儉) : 《고증》「검(儉)은 험(險)자의 오자인 것 같다.」(儉, 恐險之誤)

2 | 헌면영(軒冕榮) : 헌면은 벼슬아치들이 타고 다니는 수레와 면관을 말한다. 나중에는 관작이란 뜻으로 확대되어 쓰이게 되었다. 진나라 도연명(陶淵明)의 〈선비가 때를 만나지 못함을 슬퍼함(感士不遇賦)〉「수레와 면관 영화롭게 여기지 못할 바에야, 어찌 헤진 옷 부끄럽게 여기겠는가?」(既軒冕之非榮, 豈縕袍之為恥)

白髮滿頭身始放[3]
백 발 만 두 신 시 방

흰 머리털 온 머리에 가득하여
몸 비로소 벼슬에서 풀려났으나,

靑山當戶事無營
청 산 당 호 사 무 영

푸른 산 외짝문에 마주할 뿐
아무 일도 못하고 있다네.

感君來往談名理
감 군 래 왕 담 명 리

다만 그대 오가며 명리
이야기 함 생각해 보니,

淸暑冰霜句句生
청 서 빙 상 구 구 생

더위 맑게 식혀주는 얼음과 서리
구구절절 생겨나오네.

3 | 백발만두(白髮滿頭) : 송나라 진여의(陳與義)의 〈밤에 읊음(夜賦)〉「끝내 조그마한 계책도 없이, 백발만 머리 가득 나네.」(終然無寸策, 白髮滿頭生)

149. 寄問孤山琴聞遠[1]

시를 지어 부쳐 고산의 금문원에게 묻다

遙憐絶壁千尋下 요 련 절 벽 천 심 하	아득히 천 길 절벽 어여삐 여기노니,
茅屋臨流讀古書 모 옥 임 류 독 고 서	띳집에서 흐르는 물 굽어보고 옛 책 읽겠지.
靜養工夫能會未 정 양 공 부 능 회 미	조용히 수양하는 공부 깨달을 수 있을까 없을까?
書中眞味近何如 서 중 진 미 근 하 여	글 속의 참맛 요즘은 어떠한 지?

1 | 금문원(琴聞遠) : 성성재(惺惺齋) 또는 고산주인(孤山主人) 금란수(琴蘭秀 : 1530~1604)의 자. 금란수에 관하여 상세한 것은 《내집》 권2 〈140〉—1)을 보라. 고산에 관하여서는 《내집》 권1 〈90〉—2)를 보라. 〈성재선생연보〉를 보면 그가 고산정을 지은 것이 35세 되던 해(갑자년, 1564년, 퇴계 64세)로 되어 있는데, 권오봉 교수는 이 시를 65세에 지은 것으로 편년(編年)하였다.(《대전》 781쪽)

150. 題陽城李公承召·四佳徐公·佔畢金公送別琴東萊徽詩帖後[1]

양성 이공 승소와 사가 서공, 점필 김공이 금동래 휘를 송별하며 지은 시첩의 뒤에다 적다

琴侯才氣蔚風雲
금 후 재 기 울 풍 운

금사또님 재기
　바람과 구름처럼 풍성한데,

武捷魁科亦甚文[2]
무 첩 괴 과 역 심 문

무과에서 으뜸으로 선발되셨고
　또한 매우 문아하시기도 하셨다네.

1 | 양성이공승소(陽城李公承召) : 《고증》「공(이승소 : 1422~1484)의 자는 윤보요, 호는 삼탄이다. 세종 조에 과거에 급제하여, 판서를 지냈다. 양성군에 봉해졌으며, 시호는 문간이다.」(公字胤保, 號三灘. 世宗朝, 登弟, 官判書, 陽城君, 諡文簡)
사가서공(四佳徐公) : 서거정(1420~1488)을 말한다. 본관은 대구(大丘)이고, 자는 강중(剛中)·자원(子元)이다. 호는 사가정(四佳亭) 혹은 정정정(亭亭亭이다). 벼슬은 이조판서까지 올랐다. 문집으로 《사가집(四佳集)》이 전하며, 《동국통감》과 《동국여지승람》, 《동문선》, 《경국대전》 등의의 편찬에 참가하였고, 저술로는 《동인시화(東人詩話)》, 《필원잡기》, 《동인시문(東人詩文)》 등을 남겼다. 시호는 문충(文忠)이다.
점필김공(佔畢金公) : 점필재 김종직(金宗直). 상세한 것은 《내집》 권1 623쪽의 주 88)을 보라.
금동래휘(琴東萊徽) : 《고증》「(금휘[1435~1493]는) 현감을 지낸 회(淮)의 아들이다.」(縣監淮之子)

2 | 무첩괴과(武捷魁科) : 금휘는 세조 12년(1466)에 있은 현직 중신과 문무관료를 대상으로 한 특별과거인 발영시(拔英試)에서 무신 830인을 대상으로 보인 시험에 권지훈련참군(權知訓鍊參軍)으로 참가하여 43인의 선발 인원에 으뜸으로 들었다.

兩邑分符驥踠足[3]
양 읍 분 부 기 원 족

두 고을에서 부절 나누어 가지셨으니
천리마 발 구부린 것이요,

三公贈語錦摛紋
삼 공 증 어 금 리 문

세 분 좋은 말씀 보내시니
비단 천에 아름다운 무늬 펴졌다네.

傳貽作軸珍藏襲
전 이 작 축 진 장 습

전하여주어 시축 만드니
간직한 것 진귀하고,

轉上爲屛耀見聞
전 상 위 병 요 견 문

옮기어 병풍 만드니
보고 들음 빛나네.

顧我何人堪屬筆
고 아 하 인 감 속 필

내가 어떤 사람이라고 돌아보며
기꺼이 필묵 부탁하였으나,

千秋能與播奇芬
천 추 능 여 파 기 분

어찌 천추에 함께 기이한
향기 뿌릴 수 있겠는가?

3 | 분부(分符) : 부부(剖符)와 같다. 임금이 관직을 내릴 때 부절을 나누어주어 신물(信物)로 삼는 것을 말한다. 보통 지방관으로 나감을 말한다.
원족(踠足) : 말이 발을 굽히고 발굽을 드는 것으로, 빨리 달리려 하는 것을 말한다. 한나라 반고(班固)의 〈동도부(東都賦)〉「말의 다리에는 아직도 힘이 남아 있으며, 병사들의 사기는 아직도 다하지 않았습니다.」(馬踠餘足, 士怒未渫)

之官而贈言, 尙矣. 然苟其人, 不爲一時名流之所與者, 則所得, 皆庸瑣竈婢之語耳[4], 奚足貴哉. 今觀鳳城琴君應石氏所示,[5] 其先祖考縣令公, 之官時贈言. 其赴盈德也.[6] 陽城李先生唱之, 達城徐先生和之. 其赴東萊也, 佔畢金先生又用其韻以贈之. 三先生, 皆文章之司命, 人物之權衡, 而爲其所稱賞如此, 則侯之爲人, 不問可知其不凡流矣. 其一簇六篇, 令人聳然興嗟, 君猶以寶蓄一簇爲未足, 屬滉以謄寫上屛, 兼欲綴一語, 以揄揚其事. 辭之不獲, 旣僭以律續貂, 并略敘于後. 尙冀覽者, 知先輩遺風之可貴, 而侯之所得, 非空譽云. 嘉靖四十四年, 歲在乙丑, 四月旣望, 眞城李滉謹書

누가 관직에 부임하면 좋은 말을 해주는 것은 오래 된 일이다. 그러나 진실로 그 사람에게 한때의 명류가 지어준 것이 아니라면 얻은 것은 모두 용렬하고 좀스러운 부엌데기의 말일 다름이니 어찌 귀하게 여길 만하겠는가! 지금 봉성의 금응석 씨가 보여준 것을 살펴보니 그 선조고인 현령공이 관직에 부임할 때 해준 말이다. 그가 영덕으로 부임할 때는 양성의 이선생이 먼저 노래하고 달성의 서선생이 화답하였다. 그가 동래로 부임할 때는 점필재 금선생이 또한 그 운자를 써서 주었다. 세 분 선생께서는 모두 문장의 권위자이며 인물의 모범인데 그 칭찬 받음이 이와 같으니 그 분의 사람됨이 범속한 무리가 아닐 것임은 물어보지 않아도 알 수가 있다. 그 한 족자의 여섯 편은 사람으로 하여금 송연하게 감탄을 불러일으키는데도 금군은 하나의 족자만 보배처럼 간직하는 것이 아직 충분치 못하다고 여겨 나에게 병풍 위에 (그런 시들을 모방하여) 쓸 것을 부탁하고 아울러 한 마디 말을 이어서 적어 그 일을 드러내고자 하였다. 사양하였으나 받아지지 못하여 참람되이 율시로 잇고 아울러 대략 뒤에다 그 일을 적었다. 오직 바라건대 이 병풍을 살펴보는 사람들은 선배들의 유풍을 귀하게 여기고 또 그 분이 이러한 좋은 글을 얻은 것은 헛된 칭찬은 아니라는 것을 알아야 하겠다. 가정 44년 을축년(1565) 4월 기망(16일)에 진성 사람 이황이 삼가 적다

4 | 용쇄조비지어(庸瑣竈婢之語) : 《고증》「상세하지 않다.」(未詳)

5 | 금응석(琴應石) : 《고증》「자는 경화(1508~1583)이며 본관은 봉화이다. 관직은 주부를 지냈다.」(字景和, 奉化人. 官主簿)

6- 영덕(盈德) : 《고증》「경상좌도에 속한다. 군 이름은 야성(野城)이다.」(屬慶尙左道, 郡名野城)

151~158. 伏蒙天恩, 許遂退閒, 且感且慶, 自述八絶[1]

삼가 성은을 입어 마침내 물러나 한가히 쉬라는 허락을 받으니 감격스럽기도 하고 경사스럽기도 하여 스스로 여덟 절구를 지어 말한다

151

假退曾非善退人 가 퇴 증 비 선 퇴 인	가짜로 물러나 진작 잘 물러난 사람이 못 되었는데,
濫巾今始著眞巾[2] 남 건 금 시 저 진 건	함부로 썼던 두건 지금에야 비로소 참된 두건 되었다네.
雲山亦識君恩重[3] 운 산 역 식 군 은 중	구름 낀 산 또한 알리라 임금님 은혜 중함,
向我朝朝喜色新 향 아 조 조 희 색 신	나를 향해 아침마다 기쁜 기색 새롭다네.

1 | 《연보》에 의하면 1565년 4월 20일에 동지중추부사라는 실무가 없는 명예직으로 다만 월급만 받고 있던 자리조차 사양하여 임금의 허락을 받게 되었다.

2 | 남건(濫巾) : 남조(南朝) 제(齊)나라 공치규(孔稚珪)의 〈북산의 산신령이 띄우는 공문(北山移文)〉「몰래 초당에서 피리를 불고 함부로 북악에서 (은자의) 두건을 쓰고 우리 소나무와 계수나무를 꾀고 우리 구름과 골짜기를 속인다.」(竊吹草堂, 濫巾北岳, 誘我松桂, 欺我雲壑)

3 | 군은중(君恩重) : 송나라 소식의 〈양포의 이른 봄 시의 각운자를 써서 짓다(次韻楊褒早春)〉「조정에서 물러나 사흘에 임금 은혜 중하니, 잠 달콤하여 몸 어디 있는지 알지 못하겠네.」(放朝三日君恩重, 睡美不知身在何)

152

三朝無補一微臣[4] 삼 조 무 보 일 미 신	세 조대에 보탬 못 된 한 미약한 신하,
百病餘生兩鬢銀 백 병 여 생 양 빈 은	갖은 병으로 남은 생애 양쪽 귀밑머리 은색 되었다네.
從此不妨知損益[5] 종 차 불 방 지 손 익	지금부터 손괘와 익괘 앎 거리낌 없을 것이니,
壺中天地祝堯民[6] 호 중 천 지 축 요 민	호리병 속 세상에서 요임금의 백성 축하하겠네.

4 | 삼조(三朝) : 중종(中宗)과 인종(仁宗), 그리고 명종(明宗)을 말한다.

5 | 지손익(知損益) : 《주역》의 〈손괘(損卦)〉와 〈익괘(益卦)〉를 아는 것을 말한다. 손괘는 아래를 덜어서 위를 보태는 것이며, 익괘는 위의 것을 덜어서 아래를 보태는 것이다. 후한의 은자 상장(向長)의 고사를 썼다. 상세한 것은 《내집》 권1 182번 시의 주 5)를 보라.

6 | 호중천지(壺中天地) : 중국 후한 비장방(費長房)의 고사를 썼다. 상세한 것은 《내집》 권3 153번 시의 주 10)을 보라.

153

自媿菲才厠盛才[7] 자 괴 비 재 측 성 재	스스로 재주 없이 재주 많은 이들 곁에 있음 부끄러워하였는데,
名班身退又人猜 명 반 신 퇴 우 인 시	이름난 반열에서 몸 물러나니 또한 사람들 의심받았다네.
只今可信無猜媿 지 금 가 신 무 시 괴	지금에야 시기와 의심함 없음 믿을 만하니,
魚鳥羣中與作魁 어 조 군 중 여 작 괴	물고기와 새떼 가운데서 더불어 놀면서 그 우두머리 되었다네.

7 | 측(厠) : 「곁 측」(側)자와 같은 뜻으로 쓰였다.

154

數間矮屋白雲鄰 수 간 왜 옥 백 운 린	여러 칸 낮은 집 흰 구름과 이웃해 있는데,
尙恨幽貞未甚眞[8] 상 한 유 정 미 심 진	여전히 한스럽네, 그윽하고 곧음 아직 매우 진실되지 못함이.
一札溫言九天下 일 찰 온 언 구 천 하	한 통의 따뜻한 말씀 구중궁궐에서 내려왔기에,
沈痾贏得付松筠[9] 침 아 영 득 부 송 균	깊이 병든 이 내 몸 소나무와 대나무 숲속에서 쉬게 되었구나.

8 | 유정(幽貞) : 은거하는 것을 말한다. 《주역·하늘과 못이 이(天澤履)》 「밟고 가는 길이 평탄하니, 그윽이 숨어사는 군자가 (마음을) 곧고 바르게 가지면 좋은 일이 있다.」(履道坦坦, 幽人貞吉)

9 | 영득(贏得) : ~결과가 됨, ~을 초래함. 당나라 한악(韓偓)의 〈오경시(五更詩)〉 「밤 광경 곧 사라지고 슬픔만 남았으니, 나의 일생은 이러한 처량함만 남았구나.」(光景旋消惆悵在, 一生贏得是淒涼)

155

無才無德坐成癡 무 재 무 덕 좌 성 치	재주 없고 덕 없어 곧 바보 되었으니,
應世何須沒字碑[10] 응 세 하 수 몰 자 비	세상에 무엇 때문에 글자 없는 비석 필요하겠는가?
欲向塵編求晚智 욕 향 진 편 구 만 지	먼지 낀 책 향하여 늘그막에 지혜 구하고자 하나,
眼中花霧苦相欺 안 중 화 무 고 상 기	눈 속의 안개꽃 실로 나를 헷갈리게 한다네.

10 | 몰자비(沒字碑) : 일자무식장이를 가리키는 말이다. 《구오대사(舊五代史)·안숙천(安叔千)의 전기》「안숙천(安叔千)의 모습이 당당하였으나, 글자를 몰라서 사람들은 그를 가리켜 글자 없는 비석이라고 하였다.」(五代安叔千狀貌堂堂, 而不通文字, 人謂沒字碑)

156

杏壇蕪沒幾千年[11] 행 단 무 몰 기 천 년	행단 잡초에 파묻힌 지 몇 천 년인가?
私淑諸賢亦已天 사 숙 제 현 역 이 천	사숙하던 여러 현인들 또한 이미 하늘로 가셨다네.
東海東濱可憐子 동 해 동 빈 가 련 자	동해 동쪽 물가의 가련한 이 사람,
不聰喑默似寒蟬 불 총 암 묵 사 한 선	총명치 못하여 입 다물고 잠잠함 가을 매미 같다네.

11 | 행단(杏壇) : 공자가 제자들을 가르치던 곳으로, 곧 학문을 가르치는 곳이란 뜻으로 쓰인다. 《고증》「연주부 노성 안 공자의 사당 앞에 있다.」(在兗州府魯城內宣聖廟前)

157

邵說靑天在眼前[12] 소 설 청 천 재 안 전	소강절은 푸른 하늘 눈앞에 있다 하였고,
零金朱笑覓爐邊[13] 영 금 주 소 멱 로 변	쇠 부스러기 주움 주자는 웃었다네 도가니 곁에서.
莫言白髮妨人學 막 언 백 발 방 인 학	흰 머리털이 사람이 학문하는데 방해된다 말하지 말게나,
衛武猶箴九十年[14] 위 무 유 잠 구 십 년	위무공은 오히려 90세에도 경계하는 좌우명 지었다네.

12 | 소설~재안전(邵說~在眼前) : 송나라 소옹(邵雍)의 〈하늘의 들음(天聽吟)〉「하늘의 들으심 고요하여 소리가 없으니, 푸릇푸릇 어디에서 찾겠는가? 멀리 있는 것도 아니요 높이 있는 것도 아니고, 모두 다만 사람의 마음속에 있을 뿐이다.」(天聽寂無音, 蒼蒼何處尋. 非高亦非遠, 都只在人心)

13 | 영금~멱허변(零金~覓爐邊) : 주자의 〈진동보에게 답함(答陳同父)〉「지금 만약 까닭 없이 자기 집에 있는 야광주를 버리고, 길거리를 뛰어다니면서 풀무간이나 뒤져 쇠 부스러기나 찾는다면 정말 이상하지 않겠는가?」(今乃無故舍自家光明寶藏, 而奔走道路, 向鐵爐邊查礦中, 撥取零金不亦誤乎?)

14 | 위무~구십년(衛武~九十年) : 송나라 소식의 〈부승상께 올리는 글(上富丞相書)〉「제가 듣자하니 초나라 좌사 의상은 『옛날 위무공은 나이가 아흔 다섯인데도 오히려 날마다 나라에 경계하기를 "경 이하 관사에 이르기까지 실로 조정에 있는 사람들은 내가 늙었다 하여 나를 버리지 말고 아침저녁으로 번갈아 나를 깨우쳐주시오."라 하였다.』 합니다.」(軾也聞之楚左史倚相曰, 昔衛武公年九十有五, 猶日箴儆於國曰, 自卿以下, 至於官師, 苟在朝者, 無謂我老耄而舍我, 朝夕以交戒我)

158

美人何許隔天涯[15] 미 인 하 허 격 천 애	미인은 어디쯤 계신가? 하늘 멀리 떨어져 있다네.
夢裏相逢玉帝家 몽 리 상 봉 옥 제 가	꿈에서만 옥황상제의 궁궐에서 만났다네.
獨自覺來臨碧水 독 자 각 래 림 벽 수	홀로 깨어나서 짙푸른 물 굽어보니,
一輪明月暎金波 일 륜 명 월 영 금 파	한 수레바퀴 같이 둥근 밝은 달 금빛 물결에 비치고 있다네.

嘉靖四十四年, 歲乙丑, 五月日, 退溪陶山老病閒人, 書于山舍

가정 44년(1565) 을축년 5월 모일에 퇴계의 도산노병한인이 산사에서 적다

15 | 미인(美人) : 임금을 비유한다. 《초사·구장·추사(九章·抽思)》「약한 마음 엮어 글로 늘어놓음이여, 저 미인에게 드리고자 하네.」(結微情以陳詞兮, 矯以遺夫美人) 한나라 왕일(王逸)의 주석 「회왕과 함께 하였을 때를 들어 밝게 비추게 하는 것이다.」(擧與懷王, 使覽照也)

159. 魚樂臺[1]

어락대

臺下平波湛不流
대 하 평 파 담 불 류

대 아래 평평한 물결
깊이 고여 흐르지 않는데,

洋洋羣隊雨天游[2]
양 양 군 대 우 천 유

빽빽한 무리들 떼지어
비 내리는 날 노니네.

卻思莊惠同登日
각 사 장 혜 동 등 일

도리어 장주와 혜시
함께 오른 날 생각해보니,

魚樂還從自樂求
어 락 환 종 자 락 구

물고기의 즐거움 도리어
스스로 즐거워함에서 구하네.

1 | 어락대(魚樂臺) : 도산의 단천리 왕모산성 위쪽 단사벽(丹砂壁) 아래쪽에 낙동강에 임하여 있는 갈선대(葛仙臺) 곁에 있다. 저자가 65세 8월에 역동서원의 터를 살펴보기 위하여 제자 몇 사람을 데리고 어탄산(魚呑山)의 운암사(雲巖寺 : 예안면 천전리), 오천(烏川 : 외내)의 침류정, 동촌(東村) 능운대(凌雲臺 : 원촌리 동남쪽 산기슭) 등지를 찾아 다니다가 서쪽으로 더 올라가서 낙동강을 거슬러 새롭게 찾아낸 승경(勝景)이다. 이 시도 이때 지은 것으로 본다.(정석태 《연표·3》 407쪽)
대의 이름은 《장자·가을 강(秋水)》의 「장자가 혜자와 함께 해자의 봇둑 가에서 노닐고 있었다. 장자가 말했다. 『피라미가 한가로이 헤엄치고 있으니 이는 물고기의 즐거움이요. …… 나는 해자수 가에서 물고기의 즐거움을 (직관적으로) 알았소.』」(莊子與惠子遊於濠梁之上. 莊子曰儵魚出游從容, 是魚之樂也……我知之濠上也)라 한 데서 따왔다.

2 | 양양(洋洋) : 여러 가지 뜻이 있는데 여기서는 많은 모양이라는 뜻으로 쓰였다. 《시경·노송·비궁(魯頌·閟宮)》 「만으로 춤춤이 양양하니, 효손 경사 있도다.」(萬舞洋洋, 孝孫有慶) 모씨의 주석[毛傳] 「양양은 많은 것이다.」(洋洋, 眾多也)

160. 次韻趙士敬

조사경이 지은 시의 각운자를 써서 짓다

學絶今人豈有師 학 절 금 인 기 유 사	학문 끊어졌으니 지금 사람들에게 어찌 스승이 있으리오?
虛心看理庶明疑 허 심 간 리 서 명 의	마음 비우고 이치 살피면 아마도 의심 밝아지리라.
因風寄謝趨林鳥[1] 인 풍 기 사 추 림 조	바람 따라 숲 향하는 새들에게 알려주게나,
只自知時莫强知 지 자 지 시 막 강 지	다만 스스로 알 때 있으리니 억지로 알려고 해서는 안 된다는 것을.

附趙士敬原韻

조사경의 원운시를 덧붙인다

1 | 기사(寄謝) : 여기서는 전달함, 알려줌이라는 뜻으로 쓰였다. 송나라 육유(陸游)의 〈취하여 잠자며(醉眠詩)〉「문 두드리는 사람에게 알려주게나, 나는 바야흐로 공적인 일이 있다고.」(寄謝敲門人, 我今有公事)

水北山南謁大師	물 북쪽 산 남쪽으로 큰 스승님 찾아뵈었더니,
羣朋一室析千疑	뭇 친구들 한 방 가득 온갖 의심 밝혔다네.
歸來十里江村路	돌아오는 10리 강가 마을 길,
宿鳥趨林只自知	쉬려는 새들조차 숲속으로 들어가고 다만 나 스스로만 이런 즐거움 알고 있다네.

乙丑冬, 謁先生于退溪, 金彦純明一[2]·士純誠一·禹景善性傳在焉. 辨質心經·大學章句, 或有未契

을축년(1565) 겨울에 퇴계로 선생을 찾아뵈었는데. 김언순 명일과 사순 성일, 우경선 성전이 그곳에 있었다. 《심경》과 《대학장구》에 대하여 분변하고 질정하였는데 혹 의견이 일치하지 않는 곳도 있었던 것이다

2 | 김언순명일(金彦純明一) : 학봉 김성일의 형으로 이름은 명일이며 자는 언순이다. 본관은 의성(義城)이고, 호는 운암(雲巖)이다. 학봉과 함께 형인 김극일(金克一), 김수일(金守一) 아우인 김복일(金復一)과 함께 '김씨오룡(金氏五龍)'으로 불렸다. 소수서원(紹修書院)에서 독서하던 중 풍기 출신인 금계 황준량(黃俊良)과 도의지교를 맺었다. 이 무렵 퇴계(退溪) 이황(李滉)이 도산에서 강학을 시작했는데 김극일, 아우 김성일과 문하에 나아가 가르침을 받았다.

161~162. 丙寅正月二十六日, 力疾赴召. 出宿聖泉寺, 次二友韻_丙寅○金士浩·朴德明[1]

병인년 정월 26일 병을 무릅쓰고 부름에 길을 나서 성천사로 나가서 묵으며 두 벗이 지은 시의 각운자를 써서 짓다_병인년(1566) ○ 김사호와 박덕명

尺一東來又喚回[2]
척 일 동 래 우 환 회

조서 동쪽으로 와
　또 돌아오라 불러,

遙瞻北極五雲開[3]
요 첨 북 극 오 운 개

아득히 북극 바라보니
　오색구름 열렸다네.

1 | 성천사(聖泉寺) : 안동군 녹전면 요성산(邀聖山)에 있다. 이때 저자는 조정에서 부름에 응하여 상경하려는 길에 이곳에 들러 잤는데, 그곳의 가야촌(佳野村)에 살고 있는 두 선비에게 이 시를 지어준 것이다.
김사호(金士浩) : 《고증》 「이름은 생명(生溟 : 1504~1578)이요, 호는 눌재이다.」(名生溟, 號訥齋)
박덕명(朴德明) : 《고증》 「이름은 사희(士熹 : ?~1588)요, 호는 묵재이다.」(名士熹, 號默齋)

2 | 척일(尺一) : 척일독(尺一牘) 또는 척일판(尺一板), 척일서(尺一書), 또는 척일조(尺一詔)라고도 하며 조서(詔書)를 말한다. 한(漢)나라 때 조서를 한 자 한 치(一尺一寸) 길이의 목판에 썼기 때문에 이렇게 부른다. 송나라 소식의 〈원우 6년 6월 항주에서 소환되어 혜문(慧汶) 스님이 나를 동당에 묵게 해주고 옛 시 두루마리를 보여주어 여러 분이 지은 시의 각운자를 써서 짓다(元祐六年六月, 自杭州召還, 汶公館我於東堂, 閱舊詩卷, 次諸公韻)〉 「조서 동쪽에서 와 나 돌아오라 부르시는데, 쇠약한 나이 이미 고향으로 돌아갈 시기에 가깝다네.」(尺一東來喚我歸, 衰年已迫故山期)

3 | 오운(五雲) : 곧 오운향(五雲鄕)의 준말로, 원래는 신선이 거처하는 곳을 이르는 말이나 여기서는 궁궐을 가리켜 한 말임. 상세한 것은 《내집》 권1 〈141—7〉을 보라.

豈知臣病如歸鶴 기 지 신 병 여 귀 학	어찌 알았으리오, 신하의 병 돌아가는 학과 같아,
未半朝天戢翅來 미 반 조 천 집 시 래	임금님 뵈러 채 반도 못 가 날개 거두고 돌아올 줄이야.

162

四十年遒一瞬回 사 십 년 주 일 순 회	마흔 해 훌쩍 지나 일순간에 돌아와,
重尋佛刹舊懷開 중 심 불 찰 구 회 개	다시 그 부처의 사찰 찾으니 옛 회포 열리네.
知君警策存詩句4 지 군 경 책 존 시 구	그대들 경구 그대들이 지어준 싯구 안에 있음 알겠고,
說著梅筠待我來 설 저 매 균 대 아 래	매화와 대나무들도 나를 기다려 왔다 말하고 있는 것 같다네.

4 | 경책(警策) : 경구(警句)와 같은 뜻. 사람을 놀라게 하고 감동시키는 구절을 말한다. 《문선》 육기(陸機)의 〈문부(文賦)〉「짧은 말 배치하여 요점 담는다면, 곧 하나의 문장 속에 경구 되리라.」(文片言而居要, 乃一篇之警策)

163~164. 榮川公館, 病留, 答李宏仲[1]_二十九日

영천의 공관에서 병으로 머무르며 이굉중에게 답하다_ (1566년 8월) 29일

163

離別情懷倍黯然[2]
이 별 정 회 배 암 연

이별의 정회
갑절 암담하였는데,

那知今復掣塵緣
나 지 금 부 체 진 연

어찌 알았으리오, 지금 다시
속세의 인연에 당기게 될 줄이야.

詩來卻愧諸君意
시 래 각 괴 제 군 의

시 이르니 오히려
제군들의 후의 부끄러우니,

梅社追尋雪後天
매 사 추 심 설 후 천

매화 핀 절우사까지 나를 좇아와서
찾은 게 눈 온 다음 날이었지.

1 | 영천(榮川) : 곧 영주(榮州)를 말한다.
굉중(宏仲) : 간재(艮齋) 이덕홍(李德弘 : 1541~1596)의 자. 이덕홍에 대하여 상세한 것은 《내집》 권3 〈125〉—1)을 보라.

2 | 배암연(倍黯然) : 당나라 유종원(柳宗元)의 〈아우인 종일과 헤어지다(別舍弟宗一)〉 「남은 꽃 지니 갑절이나 암담한데, 월나라 강가에서 두 줄기 이별의 눈물 흘린다네.」(零落殘紅倍黯然, 雙垂別淚越江邊)

164

離別情懷雪後天
이 별 정 회 설 후 천

이별의 정회는
눈 온 다음 날이었는데

寄詩珍重荷君先
기 시 진 중 하 군 선

부쳐 준 시 진중하니
그대의 후의 먼저 받게 되었구려.

何當得見天矜許
하 당 득 견 천 긍 허

어떡하면 마땅히 임금님의
기꺼이 사퇴 허락하심 보게 되어,

歸臥蓬廬獨闇然[3]
귀 와 봉 려 독 암 연

돌아와 쑥대 오두막에 누워
홀로 은은히 나날을 보낼 수 있을까?

宏仲與柳而得諸君[4], 送余於溪上, 相與踰陶山, 尋遊節友社, 同宿精舍, 乃去. 唐人詩,[5] 明日馬蹏風雪裏, 知誰先有寄來詩

굉중과 유이득 등 제군이 나를 전송하려고 토계마을로 찾아왔다가 함께 도산을 넘어 절우사를 찾아 놀다가 함께 서당에서 묵고는 곧 떠났다. 당나라 사람의 시에 「다음날 말발굽 바람과 눈 속에 빠져 곤경에 처하여 있을 때, 누가 먼저 시 부쳐 위로하게 될지 알았겠나?」라는 구절이 있다

3 | 암연(闇然) : 은은하여 남들에게 쉬 드러나지 않는 것을 말한다. 《중용》 제33장 「군자의 도는 은은하되 날로 드러난다.」(君子之道闇然而日章)

4 | 유이득(柳而得) : 겸암(謙庵) 유운룡(柳雲龍). 처음에는 자를 이득으로 하였다가 나중에 응현(應見)으로 바꾸었다. 《내집》 권3 245번 시의 주 17)을 보라.

5 | 당인시(唐人詩) : 작자 미상.

165. 山寺月夜[1]

산사의 달밤

聞道花開不見花[2] 문 도 화 개 불 견 화	꽃이 피었단 말은 들었는데 꽃은 보지 못하고,
一春風雨病中過 일 춘 풍 우 병 중 과	온 봄 바람과 비 속에서 병치레로 지났다네.
今宵陡覺山家景[3] 금 소 두 각 산 가 경	오늘 밤 갑자기 고향 산의 경치 생각나니,
滿地淸光月似波 만 지 청 광 월 사 파	온 땅에는 맑은 빛 감돌고 달은 흐르는 물결 같으리라.

1 | 산사(山寺) : 권오봉 교수는 성천사(聖泉寺)로 보고 66세에 지은 것으로 보았다.(《대전》 794쪽)

2 | 문도화개(聞道花開) : 송나라 범성대(范成大)의 〈봄에 먼 모란이 활짝 피었다는 말을 듣다(聞春遠牡丹盛開)〉 「동헌에 꽃 피었다는 말 듣고, 멍하니 세 서까래 사이에 앉아 고개 천천히 돌리네.」(東軒聞道有花開, 痴坐三椽首謾回)

3 | 두각(陡覺) : 「斗覺」이라고도 하며, 「갑자기 깨닫다」라는 뜻이다. 당나라 한유(韓愈)의 〈장씨네 열한 째 공조(工曹) 어른 서(署)나리께(答張十一詩)〉 「그대의 시 읊조리고 내 양쪽 귀밑털 살펴보니, 갑자기 서릿발 같은 털 절반이나 더하여졌구나.」(吟君詩罷看雙鬢, 斗覺霜毛一半加)

166. 見河西詩文[1]

하서의 시문을 보다

河西當日頗淸虛 하 서 당 일 파 청 허	하서는 그 당시 자못 청정하고 겸허하였는데,
晩歲功深學遂初 만 세 공 심 학 수 초	만년에 공력 깊어서 학문 처음의 뜻 이루었다네.
老病祗今唯我在[2] 노 병 기 금 유 아 재	늙고 병든 채 지금 나만 남아 있어,
那堪珍惜訪遺書 나 감 진 석 방 유 서	남긴 편지 찾아보니 얼마나 진귀하고 아까운지?

1 | 하서(河西) : 김인후(金麟厚 : 1510~1560)의 호. 자(字)는 후지(厚之)라 하였고, 호는 달리 담재(湛齋)라고도 하였다. 김인후에 대해서 자세한 것은《내집》권1 〈55〉—1)을 보라.

2 | 유아재(唯我在) : 김인후는 이 시를 지은 해인 1565년보다 다섯 해 앞인 1560년에 죽었으므로 이렇게 말하였다.

167. 山居偶書病懷, 寄士敬·聞遠[1]

산에서 거처하며 우연히 병자의 회포를 써서 조사경과 금문원에게 부치다

山堂近日無來人 산 당 근 일 무 래 인	도산서당 근자에 찾아오는 사람 없어서,
蒼苔綠竹相暎新[2] 창 태 녹 죽 상 영 신	파란 이끼며 푸른 대 서로 새로이 비추네.
山翁百病頭似雪[3] 산 옹 백 병 두 사 설	산의 늙은이 온갖 병에 걸려 머리는 눈과 같으나,
書卷叢中猶競辰 서 권 총 중 유 경 진	책 두루마리 무더기 속에서 아직도 때를 다투어가며 공부한다네.

1 | 정석태는 이 시를 저자 66세 5~6월 경의 작으로 보았다.(《연표·3》 524~525쪽)

2 | 창태록죽(蒼苔綠竹) : 당나라 유우석(劉禹錫)의 〈누추한 집에 건 좌우명(陋室銘)〉 「(찾아오는 인적이 드물어) 이끼의 자취는 섬돌로 푸르게 올라오고, 풀 색은 주렴으로 파랗게 들어오네.」(苔痕上階綠, 草色入簾靑)

3 | 두사설(頭似雪) : 주자의 〈겸산각에서 비가 오는 가운데(兼山閣雨中)〉 「얼굴은 얼어붙은 배 같고 머리는 눈 같은데, 나중에 오는 일 누구 더불어 남은 경전 잇겠는가?」(面似凍梨頭似雪, 後生誰與屬遺經)

心法由來謹豪釐
심 법 유 래 근 호 리

마음 쓰는 법 예로부터
아주 사소한 것부터 삼가라 하였으니,

如水易波鏡易塵[4]
여 수 이 파 경 이 진

마치 물에 물결이 쉽게 생기듯
마음 거울에도 티끌이 쉽게 일기
때문이라네.

寄與山南趙與琴
기 여 산 남 조 여 금

산 남쪽의 조사경(목)과
금문원(난수)에게 부쳐주나니,

勉勉莫負良貴身
면 면 막 부 량 귀 신

부지런히 힘써 저버리지 말게나,
진실로 일신을 귀하게 여김을.

4 | 이파(易波) : 송나라 진조(陳造)의 〈서수재의 시 10수의 각운자에 맞추어(次韻徐秀才十首)〉 제10수 「시속을 따르면 마음에 쉽게 파문이 생기지만, 도리를 살피면 눈에 각막이 생기지 않는다네.」(從俗心易波, 矚理眼無膜)
경이진(鏡易塵) : 같은 사람의 〈경암명(鏡庵銘)〉 「거울이 있으면 티끌이 있기 쉽고, 밝음이 있으면 흐려지기 쉽다네.」(有鏡易塵, 有明易昏)

168. 琴聞遠, 自孤山寄詩一絶, 言小舟已具, 窮搜景致, 可樂云. 次韻卻寄[1]

금문원이 고산에서 절구 한 수를 부쳐와서 말하기를 작은 배가 갖추어졌으니 경치를 끝까지 찾으면 즐거울 것이라 하였다. 같은 각운자를 써서 지어 되 부친다

春非孤我我孤春
춘 비 고 아 아 고 춘

봄이 나를 외롭게 한 것이 아니라
내가 봄 외롭게 하였으니,

縱得歸山亦絆身
종 득 귀 산 역 반 신

설령 고향 산천에 돌아왔다고 하나
또한 몸 얽어매이게 하였네.

聞道仙源舟已辦
문 도 선 원 주 이 판

듣자하니 신선의 근원 찾을
배 이미 갖추어졌다 하니,

欲將逃世問眞人
욕 장 도 세 문 진 인

장차 세상 피하여 참된 사람 찾아서
바르게 사는 법 물어보고자 하네.

1 | 금란수의 문집인 《성재집》에는 같은 각운자를 써서 지은 시가 보이지 않는다. 그러나 권4 부록의 〈고산정제영(孤山亭題詠)〉에 이 시가 수록되어 있다. 권오봉 교수는 이 시를 저자 66세 작으로 편년하였다.(《대전》 813쪽)

169~170. 士敬攜酒來訪[1]

사경이 술을 들고 찾아오다

169

赤葉蒼筠滿目秋
적 엽 창 균 만 목 추

붉은 잎 푸른 대
온 눈에 가을빛인데,

感君攜酒慰窮愁[2]
감 군 휴 주 위 궁 수

그대 술 지니고 와서 나의 처지 곤궁함과
근심 위로함 감격스럽네.

愁中有句不須說
수 중 유 구 불 수 설

근심 속에 싯구로는
다 말할 수가 없어,

坐對青山搔白頭[3]
좌 대 청 산 소 백 두

푸른 산만 마주보고 앉아
흰 머리만 긁는다네.

1 | 첫 번째 시는 조목의 《월천집(月川集)》 권1에 같은 운자를 쓴 시가 보이는데 제목이 〈타신 수레가 도성으로 돌아갔다고 듣다(聞車駕還都)〉로 되어 있는 것으로 보아 이 시와는 연관성이 없는 것 같다.

2 | 궁수(窮愁) : 곤궁과 근심. 《사기·평원군(平原君)의 전기》「그러나 우경이 궁지에 처하여 근심하지 않았더라면 또한 책을 지어 후세에 스스로 드러낼 수가 없었을 것이다.」(然虞卿非窮愁, 亦不能著書以自見於後世云)

3 | 소백두(搔白頭) : 당나라 두보의 〈춘망(春望)〉「흰머리 긁으니 더 짧아져, 도무지 상투 비녀조차 이기지 못하네.」(白頭搔更短, 渾慾不勝簪)

170

故人飛札落雲間
고 인 비 찰 락 운 한

오랜 벗의 나는 듯한 서찰
저 높은 구름 사이에서 내려와,

責我如蝱使負山[4]
책 아 여 맹 사 부 산

등에처럼 나약한 나에게 높은 산
지게 하려고 한다네.

永媿不堪珍重意
영 괴 불 감 진 중 의

진중한 뜻 견디어내지 못함
오래도록 부끄러워하나니,

江湖魏闕兩難安[5]
강 호 위 궐 양 난 안

강호와 높은 궁궐
둘 다 편안하기 어렵다네.

時適得朴和叔書, 遂有後一絶云

이때 마침 박화숙의 편지를 받고 마침내 뒤의 절구 한 수를 짓게 되었다

4 | 여맹사부산(如蝱使負山) : 부산(負山)은 등에 산을 지는 것으로, 힘으로 감당할 수 없는 것을 비유한다. 《장자·응제왕(應帝王)》「그 천하를 다스린다는 것은 (걸어서) 바다를 건너고 (손으로) 강의 파며, 모기에게 산을 지게 하는 것이다.」(其於治天下也, 猶涉海鑿河, 而使蚊負山也) 이 구절은 박사암이 퇴계에게 편지를 보내 다시 큰 벼슬을 말지 않는다고 나무란 것을 말한다.

5 | 강호위궐(江湖魏闕) : 강호는 강해(江海)라고도 하며 은자가 은거하는 곳을 말한다. 위궐은 궁궐의 문을 말하는데 곧 궁궐과 같은 뜻으로 쓰인다. 당나라 위징(魏徵)의 〈당나라 고 형국공 이밀의 묘지명(唐故邢國公李密墓誌銘)〉「마음은 궁궐 아래를 떠났으며, 뜻은 강호에 있었다.」(心辭魏闕之下, 誌在江湖之上) 또한 《내집》 권1 〈143〉—6)을 보라.

171. 喜士敬雪中來訪, 因次其近寄, 五言律詩韻[1]

사경이 눈 속에 찾아온 것이 기뻐서 그가 근자에 부쳐온 오언 율시의 각운자를 써서 짓는다

大雪君乘興[2] 대 설 군 승 흥	큰 눈에 그대 흥겨워서,
行吟傍水濱[3] 행 음 방 수 빈	시 읊으며 물가 따라 왔다네.
敲門驚剝啄[4] 고 문 경 박 탁	문 똑똑 두드리는 소리에 놀랐다가,

1 | 퇴계문집에서 빠진 글을 모아놓은 〈유집〉(《도산전서》 권4에 수록)에는 이 제목 앞뒤에 「二十日……二首」라는 말과 함께 「문 닫고 외롭게 눈 읊조리는데, 글 들고 골짜기 물가에 이르셨구나. 은 술잔 같은 큰 눈덩어리 그대 말 따랐고, 옥 같은 자취 내 마당에 다다랐네. 얻고 잃는 것 그대의 싯구에 따르겠지만, 벼슬하여 나아가고 숨는 것 내 몸에 나타나리. 몇 잔 술 마시며 명분과 의리 토론하며, 옛 사람들 생각해보면서 감개에 젖네.」(閉戶孤吟雪, 携書到澗濱. 銀杯君馬逐, 瑤迹我庭親. 得失隨緣句, 行藏見在身. 三杯討名理, 感慨憶先民)라는 시 한 수와 「보내온 시에 이르기를 『푸른 구름 타고 올라갈 출세길 끊어버리시고, 돌아오셔서 푸른 물가에 몸을 던지셨네.』라고도 하였고, 또 『촌집의 술 익는 날에, 애오라지 갈천씨의 백성 되리라』라는 말도 있었다.」(來詩有云, 望斷青雲路, 還投碧水濱. 又云, 田家酒熟日, 聊作葛天民)라는 주석까지 붙어 있다. 정석태는 이 2수의 시가 똑같이 저자 67세(丁卯年) 1월 20일에 함께 지어진 것으로 추정하였다.(《연표·4》 18~19쪽)

2 | 대설승흥(大雪乘興) : 《내집》 권3 〈69〉—73)을 보라.

3 | 행음방수빈(行吟傍水濱) : 초나라 굴원(屈原)의 〈어부(漁父辭)〉 「굴원이 벌써 쫓겨나 강가를 떠돌아다녔는데 못 가를 걸어 다니며 읊조렸다.」(屈原旣放, 游於江潭, 行吟澤畔)

4 | 박탁(剝啄) : 문을 두드리는 소리를 나타내는 의성어. 당나라 한유(韓愈)의 〈박탁행(剝啄行)〉 「똑똑 똑똑, 어떤 나그네 문에 이르렀다네.」(剝剝啄啄, 有客至門)

對榻悅薰親 대 탑 열 훈 친	걸상 마주하고 앉아 향기 가까이함 기뻐하네.
鳥雀仍迷樹 조 작 잉 미 수	새떼들은 나무숲에서 여전히 길 잃었고,
龍蛇更蟄身 룡 사 갱 칩 신	용과 뱀은 다시 땅 밑에 웅크렸다네.
憑君驗豐瑞 빙 군 험 풍 서	그대 덕택에 풍년 들 좋은 조짐을 알게 되었으니,
共作太平民[5] 공 작 태 평 민	함께 태평세월의 백성 되세나.

5 | 태평민(太平民) : 송나라 구양수의 〈관직에서 벗어난 후 한위공이 부쳐온 시에 답하다(解官後答韓魏公見寄)〉「시종께서는 벼슬은 청요(淸要)하고 절근(切近)한 나랏 일에까지 통하지만, 웃고 노래하며 태평세월의 백성 되셨다네.」(侍從藉通淸切禁, 笑歌行作太平民)

172~173. 彦純來, 此日不甚開懷說學. 今得其詩六首, 知其志尙如此. 病中不能和其韻, 只以二絶句道意云[1]

언순이 왔는데 이 날은 그다지 마음을 열고 학문에 대해 이야기하지 못하였다. 지금 그의 시 6수를 얻었는데 그의 뜻이 오히려 이와 같이 열심인 것을 알았다. 병중이라 그 각운자에 화답할 수가 없어 다만 절구 두 수로 뜻을 말한다

172

君住山南我山北 군 주 산 남 아 산 북	그대는 산 남쪽에 살고 나는 산 북쪽에 살아,
一冬空媿往來勤 일 동 공 괴 왕 래 근	겨우내 부지런히 오감 공연히 부끄럽다네.
別來肝膽因詩見 별 래 간 담 인 시 견	헤어진 후로 속마음 시 통하여 보여주었는데,
雅志深嘉不在文 아 지 심 가 부 재 문	바른 뜻 글 잘함에만 있지 않음 매우 가상히 여긴다네.

1 | 김명일의 부친인 김진(金璡)과 김명일 5형제의 유고를 묶은 《연방세고》 권6에 《운암선생일고(雲巖先生逸稿)》가 수록되어 있는데 이 시의 원운시는 보이지 않는다. 김명일이 1566년(퇴계 66세) 12월 9일에 올린 시는 근체시 2수와 절구 2수만 실려 있고, 나머지 2수는 〈계산일록(溪山日錄)〉에 실려 있다.(정석태 《연표·3》 443쪽)

173

雅志誠能不在文 아 지 성 능 부 재 문	바른 뜻 진실로 글에 있지 않을 것이며,
道非身外豈難聞[2] 도 비 신 외 기 난 문	도라는 것도 몸 밖에 있는 것 아니니 어찌 듣기 어려웠다고 말할 수 있으리.
只今教養皆聲利[3] 지 금 교 양 개 성 리	지금의 가르침이라고는 모두 명성과 이익 뿐이니,
莫向芹宮誤染薰[4] 막 향 근 궁 오 염 훈	괜히 성균관에 가서 잘못 물들지 말게나.

2 | 당나라 두목(杜牧)의 〈지주의 구봉루에 올라 장호에게 부치다(登池州九峰楼寄张祜)〉「속눈썹 눈앞에 있으나 늘 보이지 않고, 도 몸밖에 있는 것 아니니 다시 어찌 구하랴!」(睫在眼前長不見, 道非身外更何求)

3 | 성리(聲利) : 명리(名利)와 같은 말.

4 | 막향~오염훈(莫向~誤染薰) : 근궁(芹宮)은 《시경·노송·반수(魯頌·泮水)》의 「즐거운 반수에서, 잠깐 미나리를 뜯노라.」(思樂泮水, 薄采其芹)라는 구절에서 나왔다. 주자는 「반수는 반궁의 물이다. 제후의 학궁과 향사의 집을 반궁이라 이른다.」(泮水, 泮宮之水也. 諸侯之學, 鄉射之宮, 謂之泮宮)라 하였다. 나중에는 근궁(芹宮)을 가지고 학궁(學宮)과 학교(學校)를 가리키게 되었다. 조선시대에는 성균관을 근궁이라 불렀다. 《고증》「이때 운암(雲巖) 김명일(金命一 : 1534~1571, 언순은 그의 자)이 성균관에 들어가려 했기 때문에 이런 말을 하였다.」(案, 是時, 彦純將遊泮宮故云)

174. 寄謝尹安東復[1]

안동부사 윤복에게 감사의 뜻을 부치다

朱門博約兩工程 주 문 박 약 양 공 정	주자 문하의 박문(博文)과 약례(約禮) 두 가지 공부,
百聖淵源到此明 백 성 연 원 도 차 명	온갖 성현의 연원 이에 이르러 밝아졌다네.
珍重手書留至教 진 중 수 서 유 지 교	사또님께서 진중하게 손수 쓰신 편지에는 지극한 후의 감돌고 있사오며,
精微心法發羣英 정 미 심 법 발 군 영	정미로운 마음씨는 뭇 영재들 계발시키시네.

1 | 윤복(尹復 : 1512~1577) : 본관은 해남(海南)이고, 전라도 사람으로 자는 원례(元禮)이며, 호는 석문(石門) 또는 행당(杏堂)이다. 중종 29년(1534) 생원이 되고, 1538년 별시 문과에 을과로 급제하였다. 1547년에 부안현감으로 부임한 후 전라도사를 거쳐 1552년에는 낙안군수가 되었다. 한산군수·광주목사(光州牧使)·선공감부정(繕工監副正) 등을 역임하고, 1565년 안동대도호부사로 부임하였는데, 이때 퇴계와 교유하였다. 1573년 승정원 좌·우부승지를 거쳐 충청도관찰사를 지냈다. 《행당선생유고》를 남겼다.
《언행록》 권1 〈교육〉 문위세(文緯世 : 전라도 사람 제자인 박광전의 처남)의 기록에 「병인년(1566) 겨울에 내제(內弟)인 윤강중(尹剛中 : 윤복의 아들)·윤흠중(尹欽中)과 함께 시골집으로 선생을 찾아가 뵙고 《주자의 편지글(朱書)》의 글 뜻을 물었다. 몇 달이 지난 뒤 안동(安東)으로 돌아오려 할 때, 선생이 행당공(杏堂公)에게 시를 보냈다.」라는 말이 있다. 이 시는 12월 25일에 지은 것으로 추정된다.(정석태 《연표·3》 583쪽)

嗟余竭力空頭白
차 여 갈 력 공 두 백

아! 나는 힘 다해도
부질없이 머리만 희었는데,

感子收功已汗靑[2]
감 자 수 공 이 한 청

생각건대 사또님의 공들인 일
이미 역사책에 기록되게 되셨나이다.

更遣諸郎詢瞽見[3]
갱 견 제 랑 순 고 견

다시 여러 자제 보내어
보잘 것 없는 견해 물으셨으나,

病中深覺負仁情[4]
병 중 심 각 부 인 정

병중에 고마운 사랑 유지할 일
저버렸음 깊이 깨닫게 되었나이다.

2 | 한청(汗靑) : 한간(汗簡) 또는 살청(殺靑)이라고도 하며, 대나무나 나무의 진을 빼내어 글자를 쓰기 용이하게 만드는 것을 말한다. 나중에는 주로 저술이 완성되는 것을 가리키게 되었으나 여기서는 공로가 역사에 기록된다는 뜻으로 사용되었다. 《내집》 권2 〈115〉—18)을 참고하여 보라.

3 | 고견(瞽見) : 우견(愚見)과 같은 말. 겸사(謙辭)이다.

4 | 인정(仁情) : 고맙게 느끼게 되는 참다운 제자 사랑. 《고증》「자주에서 『주자가 대인과 큰 사랑[仁]과 작은 사랑[仁]을 논하며, 인정(人情)을 오래도록 유지하게 한다는 말을 빌린 것이다.』라고 하였다.」(自註, 朱子大仁小仁長久人情之語) 이 말은 주자(朱子)가 제자인 왕우(王遇 : 1142~1211, 자는 子合)에게 준 편지(《答王子合》)에 나오는 말이다. 「자여(늦은 나이에 제자가 된 石洪慶)가 여기에 머문 지 오래되었지만 마침 내가 병이 들어서 아침 저녁으로 서로 만나지는 못합니다. 또한 그를 어른으로 보았기 때문에 단속하려고 하지 않았습니다. 뒤에 이처럼 애매하게 구는 것이 벗을 그르칠 수 있다는 것을 스스로 깨닫고서는 공부를 재촉하는데 힘을 쓰기는 했습니다만 그는 이미 떠날 날이 가까웠습니다. …… 참으로 작은 사랑[仁]은 큰 사랑[仁]의 적이며, 일시적으로 면목이 없는 것이야말로 인정을 오래 가게 하는 것입니다.」(子餘留此久, 適熏病, 不得朝夕相聚. 又見渠長上, 不欲痛下鈐鎚. 後來自覺如此含胡恐誤朋友, 方著力催儹功夫, 則渠已有行日矣……信乎小仁者大仁之賊, 而無面目者乃長久人情也) 국역 《주자대전》(제10책 439쪽)에서 약간 고쳐서 재인용.

175~177. 順興安上舍孝思老丈所居,[1] 襄陽郡南蘆浦村臺亭,[2] 勝絶. 今年春, 滉病臥郡館,[3] 上舍爲枉問, 敘舊時, 年八十四矣. 緣病甚, 不得往謝而來, 媿恨良深. 近又寄書來囑和其亭詠, 中崔艮齋樂府十首.[4] 滉素不解作詞曲. 況曾有亭詠近體三首浼呈. 今何更强作耶. 病中聊吟三絶, 見懷, 以少答上舍, 辱枉勤索之意云爾[5]

순흥 안씨인 (성균) 생원 효사 어르신의 거처는 예천군 남쪽 노포촌인데, 그의 집승정(集勝亭)이라는 정자는 경치가 빼어나다. 올 봄에 나는 병으로 군의 객관에 누워 있었는데 생원께서 왕림하여 문안하고 옛날 일을 서술하였는데 연세가

1 | 안효사(安孝思) : 《고증》「이름은 승종이며, 예천의 노포에 살았고, 고려 태상 안준의 후예이다.」(名承宗, 居醴泉蘆浦. 高麗太常俊之裔孫) 《요존록》에서는 집승정(集勝亭)의 주인이라고 하였다. 본관은 순흥(順興)이며, 중종 20년(1525) 식년 생원과에 2등으로 급제하였다.

2 | 양양(襄陽) : 예천의 군 이름.

3 | 병와군관(病臥郡館) : 《고증》「《퇴계선생연보》(권2)에 의하면 병인년(1566년, 66세)에 선생이 나라의 부르심에 응하여 풍기까지 갔다가, 병으로 사퇴하기를 청했으나 윤허하지 않았다. 풍기에서 예천에 이르러, 다시 사표를 올려 사퇴하기를 청했다고 하였다.」(案, 年譜, 丙寅, 先生赴召, 次豊基, 病辭, 不允. 自豊基抵醴泉, 又上狀乞骸)

4 | 최간재(崔艮齋) : 《고증》「이름은 연(演 : 1503~1546)이며, 본관은 강릉이다. 과거에 급제하여, 관직이 한성부(漢城府) 판윤(判尹)에 이르렀다.」(名演, 江陵人. 登弟, 官判尹)
악부십수(樂府十首) : 《간재선생문집》 권2에 〈집승정을 제목으로 지은 노래 10수(題集勝亭十詠)〉가 실려 있다. 「무산일단운체(巫山一段雲體)」라는 제목의 주석이 붙어 있는데, 중국 송나라 때 크게 유행한 「사(詞)」라고 하는 장단구로 적고 노래로도 부를 수 있는 운문체이다. 「무산일단운」이 바로 이 장단구 시의 곡명(曲名)도 되고, 이 운문의 형식[詞牌]도 된다. 간재는 이 운문[詞]에 직잡 자세한 주석까지 달아놓고 있다. 이 외에 《퇴계집·내집》 권5에 〈집승정시의 각운자를 쓰다, 절구 열 수(次韻集勝亭, 十絶)〉가 보인다.

5 | 정석태는 이 시를 저자 66세 10월에 지은 것으로 추정하였다.(《연표·3》 563쪽)

84세였다. 병이 깊어 가서 감사를 드리지 못하고 온 것이 부끄럽고 한스럽기가 매우 심하였다. 근자에 또한 글을 부쳐와 그 정자를 읊은 시에 화답할 것을 부탁하셨는데 그 가운데는 최간재의 악부 10수가 있었다. 나는 평소에 사곡(詞曲)을 지을 줄 모른다. 하물며 일찍이 정자를 읊은 근체시 세 수를 외람되이 지어 드린 적이 있으니 지금 어찌 다시 억지로 짓겠는가? 병중에 애오라지 절구 세 수를 지어 마음을 보이어 조금이나마 생원께서 외람되이 왕림하여 부지런히 찾아주신 뜻에 답한다고 말할 따름이다

175

峴首亭臺最絶奇[6] 현 수 정 대 최 절 기	현수의 높은 정자 가장 빼어나고 기이한데,
主人黃耉更能詩[7] 주 인 황 구 갱 능 시	주인 황발의 늙은이인데 더욱이 시 잘 짓는다네.
百篇題詠皆珠玉 백 편 제 영 개 주 옥	백 편이나 되는 그 정자 읊조린 시 모두가 주옥과 같으니,
不用區區剩作詞 불 용 구 구 잉 작 사	구구하게 다시 사(詞) 지어달라고 하여 더 남길 필요 없다네.

6 | 현수(峴首) : 예천을 말한다. 위 〈49〉—3)을 보라.

7 | 황구(黃耉) : 머리카락이 누렇게 된 늙은이를 말한다. 《시경·소아·남산에 잔디 있고(南山有臺)》 「즐거운 군자여, 어찌 누런 머리털의 노인 되지 않으리오?」(樂只君子, 遐不黃耉) 모씨(毛氏)의 주석[傳] 「황은 황발이고, 구는 늙은이다.」(黃, 黃髮也. 耉, 老)

176

病枕襄陽客舍寒 병 침 양 양 객 사 한	병들어 예천에 누우니 객사 춥기만 한데,
幸蒙鳩杖與開顔[8] 행 몽 구 장 여 개 안	다행히 구장 짚고 찾아주시어 함께 어울리니 얼굴 펴졌다네.
只今歸臥猶多恨 지 금 귀 와 유 다 한	지금 돌아와 누우니 오히려 유감 많구나,
不作高亭一縱觀 부 작 고 정 일 종 관	높은 정자에 올라가서 한번 맘껏 살펴보지 못하였음이.

177

高亭未躡我能言 고 정 미 섭 아 능 언	높은 정자 오르지 못하였으나 내 말할 수 있으니,
玉軸瑤川映對罇 옥 축 요 천 영 대 준	옥 같은 축하 시축(詩軸)은 구슬 같은 시냇물 같아서 마주한 술바리에 비쳤으리.
八十仙翁吟賞處 팔 십 선 옹 음 상 처	여든 된 신선 늙은이 읊조리며 감상하는 곳이,
不知軒冕更誰尊[9] 부 지 헌 면 갱 수 존	초헌과 면복 갖춘 고위관직의 자리와 다시 어느 쪽이 더 존귀한지 모르겠네.

8 | 구장(鳩杖) : 손잡이에 비둘기 형상을 새긴 지팡이. 《신당서·현종기(玄宗紀)》에 의하면 나이가 80세 이상 된 사람에게 구장을 내렸다고 한다. 여기서는 그냥 늙은이가 짚는 지팡이라는 뜻으로 쓰였다.

9 | 헌면(軒冕) : 옛날 대부 이상의 관원이 타던 수레와 면복(冕服). 관위와 작록을 가리키는 말로 쓰인다.

178. 登紫霞峯, 寄示李宏仲[1]

자하봉에 올라 이굉중에게 부쳐 보이다

攀松上紫霞 반 송 상 자 하	소나무 잡고 자하봉에 기어오르니,
靑草茂如麻 청 초 무 여 마	푸른 풀 삼대처럼 무성하다네.
石壁趨歸鳥 석 벽 추 귀 조	바위 절벽으로는 돌아가는 새조차 머뭇거리고,
烟林隱暮鴉 연 림 은 모 아	안개 낀 숲에는 저녁 까마귀 숨었다네.
淸凉巉太碧 청 량 참 태 벽	청량산 정상은 아주 짙푸르게 가파르고,
洛水繞陰崖 낙 수 요 음 애	낙동강 물은 그늘진 벼랑들 감돌고 있다네.
牧笛數聲裏 목 적 수 성 리	목동의 피리 소리 여기저기서 들리는 가운데,
夢回夕日斜 몽 회 석 일 사	꿈결 같은 등정에서 돌아오니 저녁 해 비꼈다네.

1 | 권오봉 교수는 저자 66세에 쓴 것으로 보았다. 《대전》 813쪽. 그러나 이 해에 저자가 청량산에 간 기록은 보이지 않고 64세 되던 해 4월에 간 기록만 보이므로 아마 그때 쓴 것으로 보아야 할 것 같다.

【참고】 이덕홍의 차운시

追次退溪先生登紫霞峯所寄韻[2]

퇴계선생께서 자하봉에 오르셔서 부쳐 보내신 시의 각운자에 추후에 맞추어 지음

人去峯猶在	어른은 가시고 봉우리만 오히려 남았는데,
靑松立似麻	푸른 소나무 마치 삼같이 빽빽이 서 있네.
踈枝容宿鳥	성긴 가지들은 잠자러 온 새들을 받아들이고,
香葉引巢鵶	향기로운 잎들은 둥지 치는 까마귀들까지 끌어들이는구나.
哀響前溪水	슬프구나, 앞으로 흐르는 시냇물 소리,
愁容遠峀崖	멀리 높은 산허리와 비탈조차 근심스러운 빛 감도는구나.
客來無興味	나그네 되어 찾아왔으나 흥 나지 않는데,
山日欲西斜	산등성이에 걸린 해조차 서쪽으로 지려 하는구나.

2 | 이 시는 《간재선생문집》 권1에 수록되어 있다.

찾아보기

지은이

이 황 (李滉, 1501~1570)

호는 퇴계退溪, 시호는 문순文純으로 경상북도 예안에서 출생했다. 서른네 살에 문과에 급제하여 대사성, 부제학, 우찬성, 양관대제학 등의 벼슬을 지냈고, 도산서당陶山書堂을 통해 학문 연구와 후진 양성에 힘썼다. 기대승과 8년간의 서신 왕래로 인간의 심성과 선악에 대해 펼친 사칠논변四七論辯은 유성룡, 김성일, 정구 등에게 계승되어 영남학파를 이뤘고, 이이李珥를 중심으로 한 기호학파와 대립하며 조선 성리학의 발전에 크게 공헌했다. 저서로는 〈자성록自省錄〉을 비롯하여 16종의 시문집을 묶은 〈퇴계전서退溪全書〉, 〈주자서절요朱子書絶要〉, 〈도산십이곡陶山十二曲〉등이 있다.

옮긴이

이장우 (李章佑 : 1939~)

경북 영해에서 태어나 서울대학교 중어중문학과를 졸업하고, 국립대만대학에서 석사, 서울대학교에서 박사학위를 취득하였다. 중국의 국립중앙연구원, 프랑스 파리 제7대학, 미국 스탠포드대학과 하바드대학 등지에서 연구와 강의를 하였으며 현재 영남대학교 중국언어문화학부 명예교수, 사단법인 영남중국어문학회 이사장, 동양고전연구소 소장으로 있다.

주요 역저로 『한유 시 이야기』(1988), 『중국문화통론』(1993), 『중국문학을 찾아서』(1994), 『중국시학』(1994), 『중국의 문학이론』(1994), 『고문진보 전·후집』(공역, 2001, 2003) 외 다수가 있다.

jangwu@yumail.ac.kr

장세후 (張世厚)

경북 상주에서 태어나 영남대학교 중어중문학과를 졸업하고, 같은 대학 대학원에서 석사학위와 박사학위(《주희 시 연구》)를 취득하였다. 영남대학교 겸임교수와 경북대학교 연구초빙교수를 거쳐 지금은 경북대학교 퇴계연구소의 전임연구원으로 재직하고 있다. 2003년 대구매일신문에서 선정한 대구·경북지역 인문사회 분야의 뉴리더 10인에 포함된 바 있다.

저서로는 《이미지로 읽는 한자》(연암서가, 2015), 《이미지로 읽는 한자 2》(연암서가, 2016)가 있고, 역서로는 《한학 연구의 길잡이(古籍導讀)》(이회문화사, 1998), 《초당시(初唐詩The Poetry of the Early T'ang)》(Stephen Owen, 中文出版社, 2000), 《퇴계 시 풀이·1~6》(이장우 공역, 영남대학교 출판부, 2006~2011), 《고문진보·전집》(황견 편, 공역, 을유문화사, 2001), 《퇴계잡영》(공역, 연암서가, 2009), 《唐宋八大家文抄·蘇洵》(공역, 전통문화연구회, 2012), 《춘추좌전 상·중·하》(을유문화사, 2012~2013), 《도산잡영》(공역, 연암서가, 2013), 《주자시 100선》(연암서가, 2013), 《국역 송계선생문집(竦溪先生文集)》(공역, 보고사, 2015), 《사기·열전 상·중·하》(연암서가, 2016), 《주희 시 역주·1~5》(영남대학교 출판부, 2017~2018) 등이 있다.